ルポ

婚難の時代

悩む親、母になりたい娘、夢見るシニア

筋野茜　尾原佐和子　井上詞子

光文社新書

はじめに

筋《すじ》野《の》茜《あかね》

現代の日本人は、簡単に結婚することができない「婚難《こんなん》」の時代を生きている——。

私がその現実を痛感したのは２０１６年の冬。きっかけは自分が書いた一本の記事の切り抜きを見つけたことだった。日付は２００６年12月21日。「あきらめさせないで」という見出しがついたその記事の一節にはこうあった。

〈一口に結婚といっても、スタイルも価値観も十人十色。第三者が善しあしを決めることなどできない。ただ、仕事をやめざるをえない、保育園がいっぱいで子どもが預けられない—

など環境的な要因で結婚や出産をあきらめてしまう女性を出してはならない〉

こんな記事を書いていたんだ。

当時私は、前職の朝日新聞の奈良総局にいて、入社3年目の駆け出し記者だった。その1年は奈良県内の結婚を巡る記事を取材する機会が多く、年末恒例の記者コラムに「少子化と未婚・晩婚化」をテーマとして選んで書いたものだった。

10年前の記事なのに、まるで現在の未婚社会に警鐘《けいしょう》を鳴らすかのような内容だった。それどころか、若い世代の雇用は10年前よりも不安定になり、「男は結婚してこそ一人前」「子育ては母親の役割」といった古い価値観は消えないまま。結婚を巡る現状は一層厳しさを増しているように思えた。実際、50歳までに一度も結婚したことがない人の割合を示すいわゆる「生涯未婚率」（後述）も右肩上がりだった。なぜ未婚の人は増えているのだろう。実情を取材してみたくなった。

歳月とともに、当然ながら私も35歳になっていた。仕事に熱中していた25歳のときは結婚願望などほとんどなく、コラムの最後に〈結婚に関する知識は深まった。あとは、この取材経験を実生活に役に立てるだけ、である〉と他人事のようなことを書いていた。

しかし、35歳の自分には、結婚するのか、しないのかは最も身近で現実的な人生の選択となりつつあった。もっといえば、子どもを産むのか、産まないのかというリミットも頭の中をちらついていた。

正直なところ、取材を通じて自分の気持ちを整理したいという考えも心の片隅《かたすみ》にあった。

ちょうど同じ頃、東村《ひがしむら》アキコさんの漫画『東京タラレバ娘』（講談社）が話題になっていた。『東京タラレバ娘』は、「～だったら」「～してれば」と仮定の話ばかりする33歳独身女性の恋や仕事をコミカルに描いた作品だ。主人公たちは２０２０年の東京五輪までに結婚したいと口癖のように話す。ただ、この作品は「結婚＝幸せ」という価値観は押しつけない。だからこそ、主人公たちがもがきながら答えを見つけようとする姿がリアルだった。主人公と年齢と出身地の設定が同じで、脚本家という職業にも「書く」という共通項があったので、すっかり夢中になり、自分とシンクロさせながら読んでいた。

私の周りでは新刊が出るたびに挨拶のように「タラレバ読んだ？」「今回も刺さった」という会話が交わされた。世間でも男女問わずどんどんファンが増えていき、ついにドラマ化が決まった。放送前からキャストを巡り「リア充すぎる」と論争が起こるほど注目を集めていた。タラレバを通して未婚や結婚に対する世の中の興味、関心が高まった今こそ、この問題を記事にするチャンスだと考えた。

所属する生活報道部の会議で、未婚社会をテーマにした通年の連載を提案した。新聞の購読層は中高年がメインなので、普段の企画のテーマは「介護」「医療」「年金」などを選ぶことが多い。もう少し若い層向けの記事も「子育て」「教育」など、結婚した後の話がほとんどで、未婚化について深掘りしたものはこれまでほとんどなかった。一抹の不安を抱えていたところ、企画内容に関心を持ったベテランの尾原佐和子《おばらさわこ》記者（現・共同通信社ニュースセンター副センター長）と後輩の井上詞子《いのうえのりこ》記者（現・共同通信社大阪支社社会部）が「一緒にやりたい」と手を挙《あ》げてくれた。当時の部長も企画にゴーサインを出してくれ、３人を中心に走りだした。

連載のタイトルは「婚難の中で」に決まった。「困難」をもじった「婚難」という言葉を考えついたのは井上記者だ。婚難と書かれたメモを見たとき「これでいける！」と確信したほど、書きたいことを的確に捉えた２文字だった。こうして２０１７年４月、新聞連載がスタートした。

「卵子凍結」「シニアの恋愛」「親の代理婚活」など、これまで新聞で正面から取り上げてこなかった話題を取り上げたこともあり、ありがたいことに全11部が完結するまでに、20紙を超える地方紙や全国紙、一部は英字新聞にも掲載された。

そして『婚難の時代』というタイトルに生まれ変わった本書は、新聞連載をベースに、結婚、未婚を巡る実情をさらに深く、多角的に描いている。

第1章は、独身男女の結婚がテーマ。現代の日本で、結婚することがどれだけ大変なのか、婚活のルポを中心に伝える。

第2章は、シニアの恋愛・結婚について掘り下げた。彼らの情熱的なセリフや行動から、恋には年齢制限がないと改めて実感していただけるはずだ。

第3章は、親が子どもの代わりに結婚相手を見つける「代理婚活」の世界に足を踏み入れた。親世代の価値観が生み出す軋轢《あつれき》も浮き彫りにした。

第4章は、出産をするために卵子凍結や精子バンク、選択的シングルマザーなど多様な選択をした女性たちを取材。ともするとセンセーショナルに捉えられがちな話題だが、「母になりたい」というシンプルな思いを丁寧に紡《つむ》ぎ出した。

第5章は「令和の恋愛・結婚」。もともとは、新しい時代の息吹《いぶき》を感じるような明るい話で本を完結したいと考えていた。ところが、２０２０年に入って、新型コロナウイルスが世界中で流行、結婚どころか日々の生活すら見通せない状況になってしまった。そこで、ウィズコロナ時代のヒントになりそうな話を探して追加取材した。コロナ禍にオンラインで出会い、初対面で結婚を決めたカップルも登場する。

各章とも、共同通信社が配信した記事がベースになっているため、年齢やデータは、原則配信当時のままとしている。

そして書籍化にあたっては、３人の記者が、取材を通して感じたことなども大幅に加筆している。記者の立場を超えて、人として、女性としての思いをかなり率直に打ち明けている部分も多い。少しでも身近に著者のことを感じてもらいたいと思い、３人の経歴にも触れておきたい。

私は１９８１年生まれで、結婚歴のない独身である。小江戸として知られる埼玉県川越市に生まれ、父親は会社員、母親は専業主婦。２歳年下の弟は、結婚して両親と同居している。

中学から大学まで東京都内の私学に通った。私が就職活動をしていた２０００年代初めは就職氷河期の末期で、希望していた出版社から内定をもらえず、子どもの頃から愛読していた朝日新聞になんとか入社することができた。両親はずぼらな娘が地方で独り立ちしてやっていけるのか心配しつつも、私の選択を尊重し、送り出してくれた。

初任地として3年間暮らしたのが奈良だった。地方暮らしの不安は杞憂《きゆう》に終わり、すぐに記者の仕事に夢中になった。自分の書いた記事に読者から直接反応があるのが、とにかくうれしかった。ただ、当時は思い返すと恐ろしい働き方をしていた。新人の頃は、警察署や警察官の自宅を朝から回り、日中は県内の話題の取材をして記事を書き、その後は取材先や会社の同僚と飲み会。自宅に帰るのは毎晩午前0時を回っていた。夜が明けるまでデスクや先輩とカラオケ……ということも日常茶飯事で、鹿に交じって奈良公園のベンチでこっそり昼寝をしたこともあった。

高松総局を経て、28歳のとき、記者から紙面をレイアウトする編集職になったことをきっかけに「記者に戻りたい」と朝日新聞を辞めて共同通信社に転職した。

「通信社」といってもピンとこない人も多いと思う。私たちが働く共同通信社は、国内外のニュースを記者が取材、編集して北海道から沖縄まで全国の地方紙やブロック紙などの新聞社、テレビ局、海外メディアに記事を配信している。ただし、記者の仕事は新聞社とほとんど変わらない。政治、経済、スポーツや事件・事故に限らず、科学や文化・芸能、生活ニュースなどありとあらゆる話題を速報したり、読み物の記事にしたりしている。

入社後は、本社の社会部に所属。２０１１年に東日本大震災が起こると、津波の被害が大きかった岩手県の盛岡支局への異動を命じられた。震災取材をした2年間は人生や生死と向き合う貴重な日々だった。

２０１３年春、東京本社の生活報道部へ。生活報道部の主な取材対象は、厚生労働省と内閣府の一部。厚労省はその名の通り、医療や介護、年金、子育てなどの「社会保障」と働き方改革や非正規雇用問題などの「労働」を所管し、「ゆりかごから墓場まで」を扱っているといわれる。厚労省の記者クラブでは霞が関や永田町を舞台に各社が激しい取材合戦を繰り広げている。私は13～14年に内閣府の「少子化対策担当大臣」番となったことがきっかけで、少子化の要因となっている未婚化や晩婚化への関心を深めていった。

震災10年まで約1年となった２０２０年2月、もう一度被災地で取材をしたいと仙台支社に異動した。平成生まれの若手の記者たちに刺激を受けながら4回目の地方暮らしを楽しんでいる。入社したときには想像もしていなかった猫との暮らしも始めた。一昔前まで24時間働くのが当たり前だったメディアの世界も、少しずつ、働き方改革が進んでいるように感じる。

今回、第１章、第３章、第５章を担当した。人並みに恋愛をしてきたつもりでいるが、自分自身の恋愛・結婚観について、胸を張って「スタンダードです」といえる自信はない。正直、何がスタンダードかも分からない。その分、この連載を通じてたくさんの人に出会い、話に耳を傾けたことで、世界が広がった気がした。

尾原記者は１９６２年生まれ。男女雇用機会均等法が施行された１９８６年に入社したまさに「均等法第一世代」の大先輩だ。私が出会った頃は、生活報道部のデスクで、主に「暮らしアイ」という週１回の生活に密着した読み物のコーナーを担当していた。デスクとして記者の原稿を見るだけでなく、自らも積極的に取材に出て、原稿を執筆。「妊婦ハラスメント」「性的少数者」といった話題をいち早く記事化して問題提起していた。特に少子高齢化問題については、部内きってのスペシャリストだった。ずっと関心があったという「シニアの恋愛・結婚」というテーマで第２章を執筆した。

井上記者は私よりも1歳年下。地方勤務を経て、２０１４年から厚労省で年金や労働などの取材をこなしている。裏表のない明るい性格で、休日にはボルダリングや山登りを楽しむ活動的な女性だ。年齢が近いこともあり、私にとっては仕事やプライベートの話を相談できる大切な同僚である。井上記者は以前から「出産」や「若者の恋愛」といった切り口で未婚社会に関心を持っていた。本書では、連載中から反響の大きかった第4章「母になりたい」を担当している。

本書の中には、さまざまな人生、さまざまな価値観が登場する。

どれが正解、なんてない。誰もがその人なりの幸せを追い求めればいい。

それが取材を終えた私の「答え」だった。

未婚社会の現状を伝え、私たちが世代や立場を超えて互いの幸せを認め合う一助になったらうれしい。今後も取材を続けていきたい。

婚難の時代　目次

第4章　母になりたい

図表作成／デザインプレイス・デマンド

第1章

結婚するって、大変ですか?

文・筋野 茜

「寺コン」って何？

「街コン」「ゴルフコン」「オタクコン」――。

婚活（結婚活動）という言葉が生まれて10年以上が経ち、世の中にはありとあらゆる名称の婚活があふれている。

２０１７年初め、未婚社会をテーマにした企画「婚難の中で」の連載開始が４月からに決まった。まずは婚活をしている独身の人を見つけなければスタートは切れない。私の頭には、前年に別のコーナーで取材をした「寺コン」のことが真っ先に浮かんだ。寺コンとは、独身男女の仲を僧侶が取り持つ婚活のことだ。葬式や法事といったイメージが強いお寺に、婚活中の独身男女が殺到している。そんな話を女友達から聞き、興味を持って記事にすることにした。

私がそのときに取材をした都内の寺院の寺コン参加者の平均年齢は34歳で、男性の倍率が3倍に対し、女性は5倍と高め。厳《おごそ》かな空気の中、イベントの初めに全員で「色即是空《しきそくぜくう》空即是色《くうそくぜしき》」と般若心経を唱え始めたときは、正直「これで盛り上がるんだろうか」と心配になった。しかし、「説法のプロ」である住職たちが巧《たく》みなトークで場の空気を和《なご》ませると、参加者もどんどん打ち解けていった。住職にはおもしろい人が多いということを、私はこのとき初めて知った。

女性たちに参加理由を聞いてみた。事務職の女性（39歳）は「周りは既婚者ばかりで出会いが全然なくて……。もう他に頼るところがない。お寺なら親身になってくれると思い応募しました」。派遣社員の女性（37歳）も「ネット婚活は友人が結婚詐欺に遭《あ》ったので怖いんです。お寺だと真面目な人が来そう」と期待を口にした。

お寺に対する信頼感と数千円で参加できる気軽さが人気を支えていた。加えて、参加者はこれまで、お見合いやネット婚活、パーティーなどを経験していた人が多かった。容姿や年齢、年収といった条件で選び選ばれる婚活に疲れてしまった30～40代の希望になっていると感じた。人生の縁についての説法中、これまでを思い出したのか目に涙を浮かべる女性もいた。普通の婚活イベントとは一線を画し、結婚に対して真剣な思いを持つ人が参加している、という印象が強く残っていた。

さっそく私は、寺コンを主催する吉縁会の事務局長である龍《りよう》雲《うん》寺《じ》（浜松市）の木《き》宮《みや》行《こう》志《し》住職（当時は副住職）に連絡を取った。木宮さんは婚活中の友人の悩み相談に乗ったのをきっかけに、静岡県内の寺院と協力して2010年に寺コンを始め、今では全国に広がっている。寺離れが進む中で、婚活という「人助け」を通じて、若い層との接点を作りたいという思いもあったという。

木宮さんは快《こころよ》く寺コンの参加者に取材への協力をお願いしてくれた。ただ、取材は匿名とはいえ、年齢や年収、学歴、恋愛経験など人に知られたくないプライベートな部分にも踏み込むことになる。記者に根掘り葉掘り聞かれて答えてくれる人などいるだろうか。一人か二人から連絡がくれば上出来だと思っていた。

ところが、ふたを開けてみれば、私の元には連日、インタビュー取材を受けたいというメールが届いた。その数なんと40人以上。ほとんどが女性だった。

どのメールにも「結婚相談所に登録したがうまくいかない」「親の病気もあるので身を固めたい」といった切実な思いが書かれていた。中には、「私の婚活がうまくいかない理由」というタイトルで夜中にスマホから1万字近いメールを送ってくれた40歳の女性もいた。会ったこともない相手にこんなに赤裸々《せきらら》に話をしてくれるのか、とびっくりした。「理解してもらえずつらい」「誰にも言えない」「周りは既婚者ばかり」といった言葉が並ぶのを見て、もしかしたら、むしろ知人や友人ではない記者の方が打ち明けやすいのかもしれない。そんな希望が生まれ、取材がスタートした。

取材をした中で印象的だったエピソードを紹介したい。

専業主婦になりたい

首都圏に住む愛子さん（仮名）は、パステルカラーの清楚《せいそ》な服装やメイクで、上品な印象の女性だ。初めて会ったのは彼女が40歳のときだった。いつも穏やかな笑顔で近況を伝えてくれる。第一印象は「育ちの良さそうな人」。

彼女について記事にしたいと思ったのは、結婚を語る上で切り離すことができない「家族」についての出来事を打ち明けられたからだ。

＊

愛子さんは２０１７年２月、東京都中央区の区立産業会館で開かれた吉縁会の寺コンに参加した。制限時間は５分。40代を中心に約１６０人の男女が、趣味や職業が書かれたプロフィールを手に、ベルトコンベヤーのように席替えをしながら自己紹介をしていく。

「やっぱり40代っておじさんっぽいかも」

就職氷河期の中、仕事の夢をあきらめざるをえず、非正規雇用で働き続けてきた愛子さん。結婚後は「家族を支えたい」と話す。　写真提供：共同通信社

「ぱっとしないな」

愛子さんは男性と一対一で話しながら、憂鬱《ゆううつ》な気持ちになった。心ときめくような恋愛や結婚ができる気がしなかった。

10年前から中堅企業の社長秘書をしていた。華々しい肩書とは裏腹に派遣社員のため年収は３００万円に満たない。仕事を始めたときには正社員に登用する話もあったが、業績悪化の影響でうやむやになった。

「今は生活費を稼ぐためだけに働いているようなもの。若い頃に思い描いていた人生とはまったく違う」

小学生の頃にテレビドラマ『スチュワーデス物語』に夢中になって以来、客室乗務員に憧れた。将来のために大学では英語を専攻し、卒業後は職を転々としながら航空会社の試験を受け続けたが、当時の年齢制限で30歳のときに泣く泣くあきらめた。愛子さんはバブル崩壊後の不景気で就職機会に恵まれなかった就職氷河期のど真ん中の世代だ。正社員のレールに乗り損ねると、這《は》い上がる機会に恵まれないまま、非正規雇用で働き続けるしかない。そんな格差社会のひずみの中でもがいてきた。

愛子さんが仕事での成功よりも強く願ってきた夢がある。

専業主婦になることだ。

「私は仕事と家事を両立できるような器用なタイプではない。おいしいご飯を作って愛する家族を支えたい」

子どもが寂しい思いをしないように、母親は家にいた方がいいとも考えている。

そんな愛子さんは会社員の父と専業主婦の母の長女として生まれた。母はしつけに厳しく、料理がとても上手だった。食卓に並んだ手の込んだ料理を父が「おいしいよ」と喜んで食べる姿を見て育った愛子さんにとって、両親こそが理想の夫婦だった。一人暮らしをする愛子さんも今、食事は冷凍食品やスーパーの総菜を一切使わず、手作りにこだわる。

優しくて、ユーモアがあって、頼りになる父。「お父さんみたいな結婚相手がいたらいいな」といつも心のどこかで思っていた。しかし、２０１１年3月11日、東日本大震災。未曽《みぞ》有《う》の大津波が愛子さんの「理想の人」を奪ってしまった。

その日の午後2時46分、愛子さんは東京都内の勤務先で、動けないほどの大きな揺れを感じた。そのとき出張中だった愛子さんの父（当時62歳）は、たまたま宮城県沿岸部の実家に立ち寄っていた。

津波が町をのみ込む様子を会社のテレビで見て心配しながらも「お父さんは避難所にいるのだろう」と思っていた。ところが3日、5日、1週間。いつまでも連絡が取れない。「もしかして……」と不安がよぎった。2週間後、愛子さんはがれきの中で見つかった父と、遺体安置所で対面した。

結婚願望が強い愛子さんは20代のうちに寿《ことぶき》退社をして、両親に「お世話になりました」と三つ指をついて嫁《とつ》ぐ自分の姿を思い描いていた。そんな娘に父は生前、冗談めかして「早く結婚してね」と繰り返した。しかし「好きな人とは自然に出会いたい」と思っていた愛子さんは、それほど婚活に力を入れていなかった。

「生きているうちに結婚できなかった。孫の顔も見せられなかった。…お父さんごめんなさい」

亡骸《なきがら》を前に自分を責めた。10年以上前のホワイトデーに父からもらったネックレスを眺めては、「もっと早く婚活をしていれば……」と涙がこぼれた。

気持ちの整理がつき始めた2年後、本格的に婚活に取り組み始めた。

しかし、30代後半を迎えた愛子さんはたくさんの「壁」に阻まれていた。非正規雇用で金銭的な余裕がなく、一回数千円する婚活イベントに参加できる回数は限られた。参加しようと思っても「35歳まで」「39歳まで」という年齢制限に引っかかることもある。出産のことを考えているのだろうか、男性は相手の年齢を気にしていると感じた。

専業主婦として暮らすため、結婚相手の年収は５００万円以上を希望している。しかし、婚活イベントで出会う男性でこの条件に合う人はなかなか現れない。

「この低収入社会では専業主婦を希望するのはぜいたくなのかな」。愛子さんは思った。

＊

５月、愛子さんの記事が地方紙に掲載され始めると、反響が寄せられるようになった。

通信社の国内向けの記事には原則、記者のクレジットがない。

そのため地方紙の読者は、地方紙の記者が書いた記事なのか、通信社の配信記事なのかを判別するのが難しい。地元紙で通信社の配信記事を読んでも、地元紙の新聞社に意見や感想を伝えることが多く、記者である私に直接読者の声が届くことはまれだ。そのため、私たちはなかなか記事の反応を知ることができない。そこでこの連載「婚難の中で」では、記事の最後に生活報道部のメールアドレスとファクス番号を載せて、意見を募《つの》ることにしたのだった。

青森県に住む40代の男性は「まるで私のようだ」とメッセージをくれた。自分も両親のような家族を築きたいのに、婚活がうまくいかず申し訳なく思っているという。「両親が健在のうちに結婚するのが息子の役目」と悲壮な覚悟をつづってくれた。ツイッターに記事の写真を載せて「泣いた」とコメントをくれた人もいた。

愛子さんの父親への思いは親世代のシニアの心も打った。70代の男性から「いい人が見つかりますように」と幸せを祈るファクスが届いた。一方、既婚女性からは「高望みしすぎ」「妥協した方がいい」という〝お小言《こごと》〟のようなメールもきた。予想はしていたが、あまりの断定口調にため息が出た。こういう決めつけや押しつけが、未婚者の心を殻《から》に閉じ込めてしまうのではないだろうか。

その1年後、再び愛子さんに会うと、激動の日々を過ごしていた。

「年収５００万以上」「見た目が好み」という条件

２０１７年夏、愛子さんは社長秘書として約10年働いた中堅企業から「育児休業を取得した正社員が戻ってくるから」と年内での派遣切りの通告を受けた。働きながら転職先を探したが、やりたい仕事はなかなかない。いざ応募しても面接にも進めなかった。不採用になった理由が分からず落ち込んだ。

その年の9月、友人の勧めで10万円を払って結婚相談所に入会。すぐに結婚が決まり、再就職せずに専業主婦になれる、と期待を抱いていた。

①同年代②年収500万円以上③趣味が合う④見た目が好み――という条件で60人に交際を申し込んだものの、お見合いに進めたのは一人だけ。条件のいい男性は20～30代の女性を希望していた。相手からオファーがきたのは、かなり年上か年収の低い人ばかりだった。

「もしかしたらご縁があるかもしれない」と何人かとはホテルのラウンジで会った。しかし、会話が盛り上がらず、苦痛しか感じない。周りを見渡すと、お見合い中の20～30代の男女が楽しそうに話していた。

「私、何やっているんだろう」

失意のまま結婚相談所を退会した。

2018年に入り、ようやく東京都の小さな企業に転職が決まった。17年ぶりの正社員。得意の英語を使う機会はできたが、仕事は書類の整理やデータ処理が中心の事務作業で正直やりがいは感じなかった。毎日「辞めたい」と思ってしまう。それでも、いつクビになるのかおびえる不安定な生活から解放され、ほっとする気持ちが大きい。

愛子さんにとって、結婚は安心や幸福の象徴だ。婚活の場に行くのはやめたが、一人で生きていくつもりはまったくない。妥協はせず、ときめきや愛情を持てる結婚相手を普段の生活の中で探すことにした。

＊

その後、愛子さんはこの会社を辞めた。どんどんと仕事を任されるようになり、婚活ができないと感じたからだ。今は資格取得のために勉強をしながら、非正規で新しい仕事に就いている。

取材中、愛子さんが口にした「結婚と就活は似ている」という言葉が印象に残っている。決めるのは相手で自分の希望通りに進まないという意味だ。私も就職氷河期を経験しているのでとても共感した。「いける」と思って断られたときのショックは大きい。それが何回も、何年もとなればなおさらだ。でも、その逆でだめだと思ってもうまくいくことがあるかもしれない。愛子さんに幸せが訪れるよう祈っている。

半年で30万円の怪しすぎるセミナー

実は、女性に比べて男性で取材に応じてくれる人はほとんどいなかった。吉縁会の会場で男性に声をかけても、目も合わせてくれず、「結構です」「婚活していることを知られたら困る」とにべもなく断られた。女性は同性の「婚活仲間」を持ち、悩みや情報を共有している人がよくいるのに対し、男性は会社や友人に隠れて活動しているケースが多いように感じた。

そんな中、ある男性から「自分を変えたくて30万円支払って半年間、婚活セミナーに通っていた」という話を聞いた。

そのセミナーは、男性講師から女心のつかみ方などのノウハウを座学で習い、実践として女性とコミュニケーションを取る練習のためにデパートやショッピングモールへ出向いて何十人もの女性店員に声をかけていくというものだった。

簡単に言えば「ナンパで度胸をつけろ」という内容だ。

私はショッピングモールの婦人服売り場に勤める女性の友人に、「そんな男性のお客さん来るの？」と尋ねてみた。すると、多いときには１カ月に10人ほど買い物をしないナンパ目的の男性客が訪れるという。

「いきなり『きれいですね』『デートしませんか』と声をかけられて怖かった。お客様なので冷たくあしらうこともできず、苦笑いでやり過ごすしかない。自己満足だし、あんな方法で恋人ができるわけないよ」と、あきれたように話した。

この男性は真剣な気持ちでセミナーに参加していたが、終盤に講師から「あと30万円払えば、恋愛スキルを上げる実践のためにプロの女性を紹介してあげる」と勧誘されるようになった。不信感を持ち、大金を無駄にしたと気がついた。同じ講座の参加者の中には30万円を支払った人もいたという。

取材をしていると、結婚に理想を持っていて、運命の相手を見つけるための努力を惜しまない人をターゲットにした婚活セミナーの話を耳にする。もちろん真剣なセミナーもたくさんある。しかし、男性が参加したセミナーについて、後日別の婚活業者に聞くと「詐欺まがいのやり口で知られている」という返事が返ってきた。講座が終盤になると「レースクイーンとデートをさせてあげる」「セクシー女優が君をモテる男にしてあげる」などといって、講師の知り合いを紹介し、30万〜50万円の追加料金を支払わせるのだという。

もちろん両者は裏でつながっていて、実際につきあえるわけではない。

普通ならおかしいと気づきそうな話でも、結果を出したいと焦っている参加者たちは申し込んでしまう。あわよくば紹介してもらった女性とつきあえるかも、と期待を持ってしまう人もいるだろう。男性の場合、周りにも婚活のことをひた隠しにしているケースが多いため、止めてくれる人もいない。

別のセミナーは受講者向けには「プロ」による指導や助言をアピールする一方で、ネットでは「月数日で▲万円稼げる」「未経験でもマニュアル通りに話せばＯＫ」などと宣伝して、婚活プランナーの育成講座を開いていた。婚活を金儲けの手段と捉えているのがひしひしと伝わってきた。

女性向けの婚活セミナーはスピリチュアルな売り文句が多いのが特徴だ。取材で出会ったフリーライターの桃子さん（41歳・仮名）は、１回３万～10万円の高額なセミナーに何度も参加していた女性。「見た目も中身も自分のステージを高めないと、いい男性と出会えないと思うから」と目を輝かせていた。セミナー参加者だけが購入できるという８万円のピンクのパワーストーンブレスレットを肌身離さずつけているのは、「波動」が合う男性を見極めるためだ。

桃子さんは「前世を透視できる」占い師が、婚活がうまくいかない原因を診断してくれるセミナーにも参加していた。都内の会場は１００人の女性で埋まり、熱気にあふれていたという。「１００人も占うんですか？」と尋ねると、その場では代表の10人ほどが占われたようで、みんな「当たっている！」「なんで分かったの！」と感動していたといい、それ以外の希望者は後日、数万円を払ってメールで鑑定してもらうそうだ。

桃子さんの前世は「デザイナー」。「現世では常識や世間の目を気にしすぎて、本来の魅力が発揮できていない。前世のように個性を隠さずに生きていれば、受け止めて愛してくれる資産家が現れる」というアドバイスをもらったとうれしそうだった。私には前世と結婚との関係性が理解できなかったが、わらをもつかむ思いの女性たちがどれほど多いかが分かる事象でもある。

婚活上京10年

３人目は「婚活上京」をして10年（取材当時）になる女性だ。モテる仕草を研究し、黒髪のロングヘアにいつも人なつこい笑顔を浮かべている。行動力もあり、私が「こんな婚活がはやっているみたいですよ」と伝えると、翌月すぐに参加していたこともあった。私から見ても「結婚できそう」な女性がなぜ10年も婚活を続けているのか、理由を知りたくなって取材を申し込んだ。

九州出身の志保さん（40歳・仮名）は、大学卒業後、地元の建設会社に就職した。24歳のときにつきあった男性は、自分より前を歩くと怒り、意見を言うと「女のくせに」とののしるところが嫌で別れた。

「30歳になる前に結婚したい。東京ならたくさんいい出会いがあるかも」と思い、29歳で上京した。すぐ結婚するつもりで金融機関で派遣社員として働いたが、仕事と都会の生活に慣れるだけで精いっぱい。出会いはまったくなかった。派遣契約は2年で終了した。

その後、経理を勉強する専門学校に通ったものの、リーマン・ショックのあおりを受け、正社員の道は開けなかった。中小企業の採用面接では「結婚の予定はありますか」「産休を取られると困るんですよね」と露骨に告げられた。女性の転職の難しさを痛感した。

２０１０年から働く会社でも非正規雇用は続いた。東京の家賃５万円のアパート暮らしで、生活はかつかつだった。

30歳を過ぎた頃、本格的に婚活をスタート。だが、婚活イベントに行っても、30人もいる相手の顔と名前が覚えられない。親や親戚の紹介で5回お見合いをしたが、相手にときめかず、そのうち「相手の親が若い子を希望するから」と話もこなくなった。

志保さんは出会いを求めて上京した。10年以上が経った今も前を向いて婚活を続けている。　写真提供：共同通信社

寺コンで出会った他県在住の同い年の男性とドライブデートしたこともあった。口数は少ないが、安定した職を持ち、物腰の柔らかいところに惹かれていた。

ところが、毎日メールのやりとりをしていた男性は、ドライブデートをした後から返信がこなくなってしまった。志保さんは理由が思い当たらず、何か気に障《さわ》ることをしただろうかともやもやしていた。勇気を振り絞り、ドライブデートの後に連絡が途切れた男性に「正直な気持ちを教えてほしい」とメールを送った。しばらくすると「寺コンで出会った他の女性とおつきあいすることになった」と断りの返信が届いた。また振り出しに戻ってしまった。

「まさか結婚がこんなに難しいなんて」

切ない笑顔を浮かべた。

港町に「婚活移住」してみたものの……

志保さんが結婚を急ぐ理由は出産のリミットだ。

２０１６年に子宮筋腫が見つかり、大病院の産婦人科で手術をした。そのときたくさんの夫婦が不妊治療のために通院する姿を目《ま》の当たりにした。女性向けの健康セミナーにも参加して、出産リスクと年齢の関係を知り「早く産まないと」と焦りが強くなった。九州で一人暮らしの母（70歳）からは「結婚しないなら二人で一緒に住もう。私の年金があるからなんとかなる」と同居を提案されている。

「母も私を心配しているはず。でも依存して甘えたくない」

さまざまなプレッシャーがのしかかる。

恋人がいないまま十数年。友達や会社の同僚に紹介を頼むと「えり好みをしているのでは」と言われる。そんなことはないと思いつつ、たばこ、飲酒量、体形、マナーなど細かいところが気になる。「家族に祝福される結婚がしたいから、ちゃんとした人がいい」。これまで好きな人もいたが、告白してもうまくいかなかった。同僚の男性から「一人でも生きていけそう」と言われ、30代半ばからは髪形や服装を柔らかい雰囲気に変えてイメージチェンジもした。

「どうしたら好きな人に選ばれ、結婚できる女性になれるか」を意識し、努力してきた。

勤務先には２０１７年３月末で契約を切られてしまった。事情を聞いた知人が再就職先を紹介してくれたが、平日休みだったため、「土日の婚活イベントに出られなくなるかも」と悩んだ末に断った。気がつくと、上京して丸十年が経っていた。

その後、志保さんは驚きの行動に出る。

結婚相手を見つけるため、東京から飛行機と電車で4時間かかる西日本の港町に「婚活移住」したのだ。

志保さんは「地方なら『おせっかいさん』が結婚相手を探してくれるかも」と、一念発起して縁もゆかりもない地方自治体の嘱託職員に応募し、２０１７年秋に赴任した。

もくろみは外れた。

同年代の多くがすでに20代で結婚していて、職場も既婚者ばかり。農業の男性と出会ったが、年収が安定していなかった。東京では聞かない「嫁」や「しゅうとめ」「長男」といった旧来的な言葉も心に引っかかった。

出会いの数を増やそうと、インターネットを使った婚活も始めた。県外に住む2歳年下の男性とは毎日連絡を取り合い、クリスマスイブにもデートをした。

ところが、年明けに突然「つきあうには年齢が気になる。子どもが欲しいから」とメールが届いた。「不妊治療をして40代で出産する人もいる」と説得したが、歩み寄ることはできなかった。

「あんなに仲良くしていたのに……。男性の気持ちが分からない」

そう言いながらため息をついた。

嘱託職員は有期契約だ。月給は手取り15万円程度で余裕はない。残業や出張が続き体調を崩してしまったこともあった。上司には「結婚できないなら、ここに住み続けるつもりはない」と正直に伝えた。

都会を離れたことに後悔はない。東京では周囲に婚活中のライバルが多く、いいなと思った男性とうまくいかなかった。結婚、出会い、出産……あふれる情報に振り回され、焦っていた。地方での生活は刺激が少ない分、穏やかな気持ちで過ごすことができるようになった。東京には戻らず、もう少し人口が多い地方都市への引っ越しも視野に入れる。

「やっぱり結婚だけはあきらめられない」

＊

上京してからずっと婚活が生活の一部になっていた志保さんに、私はその港町まで会いに行った。県外の婚活パーティーに参加するなど婚活は続けていたが、東京にいたときのような張り詰めた表情は消えていた。

地縁のない新しい環境に慣れたのか心配していたので「生き生きしていてよかった」と伝

えた。

私も地方での勤務を経験した後、東京に戻って「婚活熱」の高さに圧倒されたことがある。「□□の結婚相談所は年収の高い人が多い」「▲▲の街コンは参加者のレベルが高い」など、婚活中の人（特に女性）が持つ情報網もすさまじい。そのためか取材をしていると、周りと比較して自分を見失ってしまったり、婚活疲れになり出かけられなくなったりする人を多く見かけた。恋人ができても「もっといい人がいるかも」と婚活パーティーへの参加を止められない女性もいた。幸せになるために婚活に時間とお金を費やしているのに、本末転倒で悲しいことだと感じてしまう。

志保さんは結局、地方で仕事が見つからず、東京に戻って働き始めた。コロナ禍でボーナスが出ず、お金がかかる本格的な婚活は足踏みしたままだという。それでも、明るく、あきらめずに婚活を続けている志保さんを応援したい。

寺コンを開催していた吉縁会は、コロナ禍で２０２０年2月からイベントを中止している。木宮住職は、「こんな時代だからこそ」と会員向けに法話《ほうわ》の配信や悩み相談を始めた。会員からメールで悩みを募集したところ、予想を超える１００通以上が寄せられたという（現在はいったん募集を休止中）。内容は結婚や恋愛についてだけでなく「コロナが原因で収入がなくなってしまった」「生きる気力がなくなってしまった」と人生そのものについての相談も多い。木宮住職は「コロナで生活が一変し、結婚どころではなくなってしまった人も多い。寺が悩む人たちに寄り添い、救う存在でありたい」と話した。

男性の４人に１人が「生涯未婚」

50歳まで一度も結婚をしたことのない人の割合を示す「生涯未婚率」という言葉を聞いたことがある人も多いだろう。厚生労働省の国立社会保障・人口問題研究所の調査によると、２０１５年には男性23・37％、女性14・06％だった。生涯未婚の人は男性のほぼ４人に１人、女性のほぼ７人に１人となり「結婚離れ」が鮮明になっている。政府は「生涯未婚率」という言葉は「50歳を過ぎるとずっと未婚」という印象を与え、正確性を欠くとして使用をやめたが、本書では便宜的にそのまま使うこととする。

生涯未婚率は国勢調査を基に5年に１回公表される（２０１０年までは10年に１回）。１９７０年には男性１・７％、女性３・33％だったが、右肩上がりに増加している（**次ページ図表１**）。都道府県別では、男性は沖縄の26・２％が最も高く、女性は東京の19・２％がトップだった。

図表１　時代とともに高まる生涯未婚率

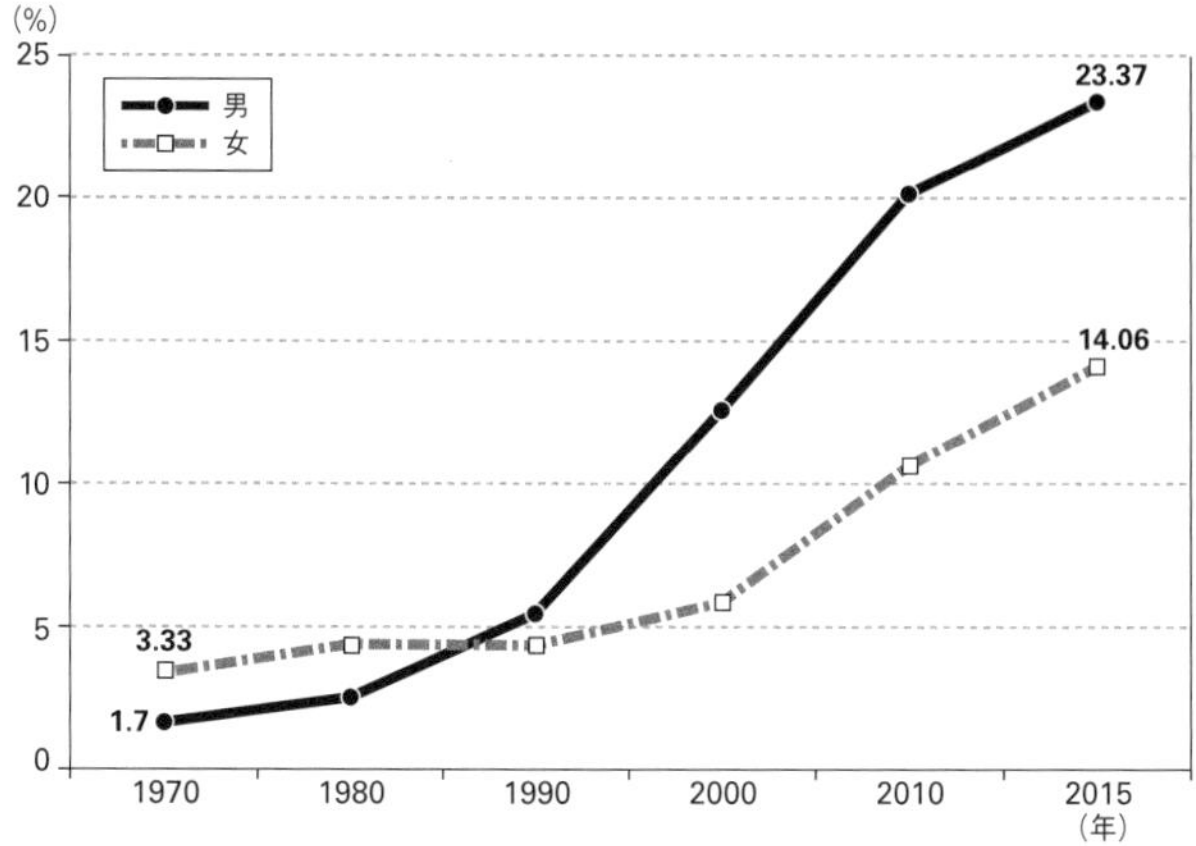

出所）総務省統計局『国勢調査報告』、国立社会保障・人口問題研究所のデータをもとに作成

生涯未婚率の増加は、さまざまな背景が指摘されている。

　未婚男女を対象にした２０１８年の内閣府の意識調査から、当事者の置かれた状況が見えてくる。この調査は結婚意向はあるが、未婚の20〜40代の男女計約４０００人を対象にインターネットで実施したものだ。

「どのような状況になれば結婚すると思うか」を複数回答で尋ねたところ、「経済的に余裕ができること」が42・４％と最も高い。非正規雇用の割合が約４割に達して、経済の不安定化が進んでいることが結婚を難しくする一因となっていることを裏付ける結果だった。「異性と出会う機会があること」が36・１％、「精神的に余裕ができること」が30・

6%、「希望の条件を満たす相手に巡り会うこと」が30・5%、「結婚の必要性を感じること」が28・4%と続く。

また、調査によると、結婚したくても適当な相手に巡り会わないと感じている人が46・8%に上り、そのうち約6割は相手を探す行動を何もしていなかった。「友人・知人に紹介を依頼」が18・8%、「自分磨きのため、外見を磨く努力をしている」が12・2%なのと比べると、何もしていない受け身の人が圧倒的に多いのが分かる。

ちなみに、どの年代も女性より男性の方が、何もしていない人の割合が高かった。内閣府の担当者も共同通信の取材に「出会いの機会がなく、能動的に動けない人は多い」と、恋愛に消極的ないわゆる「草食系」の存在を認めている。

婚活でもセクハラ注意

この調査で注目したいのが「職場の同僚や上司に紹介を依頼」が4・7%にとどまることだ。

昔も今も、日本では職縁をきっかけとした結婚が王道の出会いの一つ。一昔前まで、上司や取引先から勧められた見合い相手と結婚するのも自然なことだった。しかし、近年、価値観が多様化し、上司らが独身社員の縁結びをしようとすると、セクハラと受け取られることもあるため、二《に》の足《あし》を踏む企業が増えている。

　企業で上司が独身の部下に婚活についてあれこれ詮索する「婚活セクハラ」を取材したことがある。「そんなことまでハラスメントになるのか！」と驚く人もいるかもしれないが、今や非常にデリケートな問題だけに知っておいて損はないはずだ。

　婚活セクハラが話題となった発端は、政府が少子化対策の一環として２０１６年、結婚支援に積極的な企業に対する表彰制度の創設や、既婚の上司らが独身社員の結婚を支援する「婚活メンター」の導入を打ち出したことだった。ちなみに、メンターとは「指導者」「助言者」を意味する言葉だ。すぐに「国による価値観の押しつけ」「官製セクハラ」とインターネットなどで炎上し、撤回に追い込まれた。

　結局、内閣府が２０１６年12月にまとめた企業や団体、自治体向けの提言からは表彰制度や婚活メンターへの言及は消え、「特定の価値観を押しつけない」「個人の意思を尊重する」「多様性に配慮する」といった注意喚起に終始。内閣府幹部は「内容よりも、セクハラと騒がれないことが最優先だった」と漏《も》らす。

　私は政府が「婚活メンター」の存在を打ち出したとき、開いた口がふさがらなかった。

この婚活メンターは、会社が指定した管理職を想定していた。自分より立場が上の人間にどれだけの社員が心を開いてプライベートを相談するだろうか。しかも、管理職側もうかつな質問や回答をすればセクハラで即アウト。そんな制度が定着するはずがない。

関西にある保険会社の人事担当者の元には時折、独身の社員から「出会いのために社内行事を開催してほしい」との声が寄せられるという。だが、「ハラスメントと受け取られる恐れがあり、会社として取り組むのは難しい」と本音を打ち明ける。出会いの橋渡しに二の足を踏んでいる職場で婚活メンターの導入など論外だろう。ハラスメント対策に取り組む国が、現状をまったく把握していないことが浮き彫りになった。

「恋人いないの？」「もう○歳なのに」はＮＧ

こうした中、佐賀県は２０１７年11月、自治体で初めて、企業が社員の結婚を応援する際の注意点や対応例をまとめたマニュアル「婚センサスＢＯＯＫ」を独自に作成した。

セクハラやパワハラの可能性がある事例として、

①嫌がるのに「結婚する気はないの？」「恋人はいないの？」と聞く

②「もう○歳なのに結婚しないのはおかしい」と決めつける
③婚活イベントへの参加を強要
④婚活の状況を言いふらす

などを紹介。県の担当者は「企業が安心して社員の出会いを応援できるように作成した」と話す。

たしかに、先の内閣府の意識調査でも、37・6％の人が理想の出会い方として「職場や仕事で」と回答した。「出会い方にはこだわらない」に続いて2番目の高さだ。

取材をした婚活中の静岡県に住む花菜さん（36歳・仮名）も「昔のように職場に『おせっかいさん』がいてくれたら……」とため息をついていた。5年以上恋人がおらず、お見合いなど婚活を続けている。勤務する自動車メーカーの系列会社には独身の男性が多いが接点はない。数年前、意を決して上司に紹介を頼むと、「下手に口を挟んで、セクハラになったら面倒だから」と断られた。ただ、花菜さんも婚活の状況を詮索されたり、周囲に言いふらされたりするのには抵抗感があるといい、高いテクニックが必要な「さりげなく絶妙なパス」を求めていた。

私もメンターにふさわしい人が周りにいるか想像してみた。
Aさん↓人脈は広いけどおしゃべり
Bさん↓余計な一言で傷つけられそう
——と×や△がどんどんついてしまった。「さりげなく絶妙なパス」を出してくれる人材などなかなかいない。

都会か、地方か

「生涯未婚率」には、都道府県ごとに大きな差がある。女性は大都市を抱える地域、男性は東日本が高い傾向があるものの、「はっきりとした要因は分からない」と語る自治体担当者は多い。その地域ならではの背景事情も透けて見える。

２０１５年の生涯未婚率の全国平均は、男性23・37％、女性14・06％。女性はトップの東京（19・２％）と最も低い福井（８・66％）で２倍以上、男性は最も高い沖縄（26・２％）と最も低い奈良（18・24％）で８ポイント近くの開きがあった。

女性の上位10都道府県には、東京をはじめ北海道、大阪、福岡、京都など大都市がある自治体が入っている。

北海道は17・22％で女性で2位。結婚支援の担当者は「札幌市の生涯未婚率が高く、全体を押し上げている」と分析する。道内の女性は進学や就職を機に札幌市に移り、住み続けるケースが多いという。「北海道は昔から、結婚に対するプレッシャーが少ない土地柄といわれている。特に札幌市は周りに独身の人が多く、焦りを感じない女性が多いのではないか」と説明する。

福岡県は「県内の女性の人口比率が男性より高いことが影響していると考えられる」（子育て支援課）と分析。福岡市は学校が多くサービス産業も盛んで、九州・山口から女性が流入するためだという。

一方、男性の上位10都県のうち8都県が東北、関東地方など東日本に集中している。26・16％で2位の岩手では２０１５年に結婚サポートセンターを開設。センターの登録者は、県庁所在地の盛岡市では男女比が同程度だが、農業や漁業が盛んな山間部や沿岸部では男性の比率が高い。県の担当者は「第一次産業に就く男性の出会いの場が少ないことがうかがえる」と話す。

私が盛岡支局にいた当時、取材で岩手の漁村や農村に行くと必ずといっていいほど、高齢の女性から年齢と「独身なのか」と聞かれた。東北はもともと後継者不足と嫁不足が深刻な地域で、独身の男性が多い。加えて、１９８０年代からフィリピンや中国の女性を「長男の嫁」として迎え入れるようになった。東日本大震災の後、東京電力福島第一原子力発電所事故への不安が広がっていたこともあり、外国人の女性たちの中には子どもを連れて母国に帰国した人もいた。高齢の女性たちは、ずっと独身だったり、妻子が故郷に帰ってしまったりした息子に、跡取りを産んでくれる新しい嫁を探していたのだ。「息子さんはおいくつですか」と聞くとほとんどの場合は50歳以上だった。少子高齢化で一次産業が先細りする日本の過疎地の問題が透けて見えた。

　岩手ではもう一つ、貴重な体験をした。

　高台に逃げる途中、目の前で津波に妻をさらわれて失った50代の男性を、震災から約半年後に取材したことがあった。取材中は淡々と妻とのなれそめや結婚生活について話していた男性は、別れ際に私を呼び止め、「余計なお世話かもしれねえけど」と前置きしてこう言った。

「筋野さんも好きな人ができたら一緒になってほしい。別れるときがくるけど、夫婦や家族ってかけがえのないものだと思うんだ」

　これまでいろいろな人から「結婚のススメ」を聞いたものの、なんとなく押しつけのようで心に響かず、「ふうん」と聞き流してばかりだった。しかし、突然最愛の人を失った痛みを抱えながら生きる男性が、それでも結婚してよかったと語る姿は、今も深く心に刻まれている。

若い女性は便利で娯楽の多い都市部に集まる傾向にあり、男性は一次産業や自営業の後継者として地元にとどまるケースが女性よりも多いことが、生涯未婚率の地域差に影響していると考えられる。あなたの住んでいる地域は当てはまるだろうか。

一方、男女とも生涯未婚率が低い県もある。福井は女性が最も低く、男性も下から３番目で「結婚先進県」といわれている。県の担当者は「３世代同居や近居の割合が高く、若い夫婦の共働き率が高い。経済的な生活基盤を確保しやすいことが結婚を後押ししているのではないか」と分析する。

男女とも下から２番目の滋賀は「京阪神への通勤が便利で自然も残っていて子育て世帯に人気があるため、生涯未婚率を押し下げているのかもしれない」と説明する。

男性が最も高く、女性も５位の沖縄の担当者は「非正規労働の割合が多いといったデータはあるが、はっきりとした理由は分からない」と戸惑いを見せる。

1泊2日の婚活移住ツアーに同行する

めまぐるしい早さで変化する「都会」と人口減少で先細りする「地方」。普段は巡り会う機会がない二つの地域の男女の仲を「婚活」によって取り持とうと、自治体が動き出している。観光地巡りから恋愛ハウツー本さながらのアドバイスまで、至れり尽くせりのサービスがついた２日間の婚活移住ツアーを企画していると聞き、私も同行することにした。

結婚に賭ける独身男女の本音が垣間見られた２日間となった。

＊

２０１７年３月、まだ雪深い新潟県十日町《とおかまち》市の道の駅。

早朝に、近隣市町に住む26〜42歳の独身男性14人が会議室に集まった。この日から１泊２日で開かれる首都圏の女性たちとの婚活ツアーを前に、「選ばれる男」になるセミナーを受講するためだ。

「恥をかけ！　笑われることを恐れるな！」

「婚活マスター」として活動する講師役の高橋そうすけさん（43歳）が身ぶり手ぶりを交えながら男性たちに熱く語りかける。高橋さんは、心理学などを学び、各地で講座やセミナーの講師を務めている。自身も「婚カレッジ」というスクールを開き、ユーチューバーとしても活動している。私の第一印象は、「昔テレビに出ていた予備校の熱血講師みたいだな」。活況の婚活業界には、高橋さんのように個性的な人が多い。

その後も、

「自己アピールばかりで空気が読めない男はモテない」

「女性の相談を聞くときは『そうなんだ』『分かる』と共感の相づちを」

「エスコート上手な男になれ」

といった〝モテ指南〟が次々と飛び出した。

終盤、マスターの、

「昔は生活のために結婚する女性が多かったけれど、今は一人でも生きていける世の中になった。女性はこの人と一緒なら、もっと幸せになれるという人を探している」

という語りかけにうなずく男性たち。約1時間の講義の後、引き締まった表情になり、貸し切りバスでやってきた13人の女性たちと対面した――。

新潟県内の男性と首都圏の女性をつなぐ移住婚活ツアー事業は、県と希望する市町村の共催で２０１６年度に実施した。女性は新潟へ移住することが前提で、結婚相談所「ツヴァイ」に業務委託している。

最初は地元の料理が堪能できるレストランで、席替えをしながらの一対一の自己紹介タイム。男性は農業や製造業、自営業など地域に密着した仕事に就いている人が多く、女性は27～38歳で職業はさまざまだ。お互いにニックネームで呼び合うのがルールとなっている。人数が多いので、男女とも合間に「顔は○」「話が盛り上がらない×」「公務員◎」などこっそり特徴をメモしていく。

新潟の銘菓といえば「柿の種」。米菓会社の工場で20年近く柿の種を作り続けているという30代の男性に参加理由を尋ねた。柿の種は24時間体制で製造されているため、3交代制勤務で、明け方に帰宅することも多い。

「気づいたら、ここ10年くらい、まともに話した異性は同居する母親とパートのおばちゃんだけ。このまま柿の種に人生を捧《ささ》げそうで怖くなった」

関東からUターンした会社員の男性（36歳）は、数年前から県内の婚活イベントにも何度も参加している。しかし、都会ほど参加者が多くないため、「常連」の女性と再会することが増えてきた。最近、婚活パーティーで再会した女性に「お久しぶりです」と声をかけたら「やめてください！」と怒られた。女性は、婚活イベントに何度も参加しているのがばれると、余り物みたいで恥ずかしいと小声で説明し、その後は無視された。その女性は、他の男性参加者に「こういうイベントには慣れていなくて……」と説明していた。

婚活では、顔見知りであっても「初めまして」と挨拶するのが暗黙のルールだと、男性は初めて知った。「常連同士で仲良くなれるかと思ったのに。でも、見栄っ張りな女性は嫌ですね」と苦笑いした。

十日町市の担当者は「市だけでイベントを開いても参加者が固定してしまう。こうしたイベントをきっかけに県外の女性がうちに移り住んでくれれば」と期待する。

午後には、市の観光名所である現代美術館に到着。

バスの中で意気投合して仲良く展示を見る男女や、マスターの助言を守ってぎこちなく女性の荷物を持つ男性がいる一方で、誰にも声をかけられず所在なさげに歩く女性の姿も。その近くには、座ってマイペースに休憩する男性がいた。

交流会などの初日の行程を終えた後の午後10時。マスターと運営スタッフは参加者全員に気に入った異性の番号を書き込んでもらったカードを手に、ホテルの一室に集まった。女性の人気はばらけたが、男性の一番人気はダントツで公務員だった。婚活の取材をしていると、どこに行っても公務員の人気は高い。

「AさんとBさんはお互いに相思相愛」「C君とDさんは美術館でツーショットだった」というようにカードや日中の様子を考慮して、翌日のバスの座席を決めていく。何度も読み合わせをして、番号と座席に間違いがないかをチェックしていく。スタッフの一人は、

「人生を左右するかもしれないので、ミスは許されない」

と話した。ただ、どんなに細心の注意を払って決めても「なんで隣の席にしてくれないんだ」「あの人は私のことを気に入っていたはずなのにおかしい」と、納得できない参加者からクレームを受けることもあるという。

至れり尽くせりの「お膳《ぜん》立《だ》て」はカップルになる確率を上げるため。膝を突き合わせた話し合いは深夜まで続いた。

メールの内容まで指南

女性たちは3連休の中日、新幹線と在来線、貸し切りバスを乗り継いでやってきた。東京

都内に住む歯科衛生士の女性（36歳）は、

「便利すぎてあれこれ求める都会暮らしに疲れてしまった。田舎での『スローライフ』に憧れる」

と打ち明ける。

ただの移住ではなく結婚もしたい理由は三つ。

子どもが欲しい、親を安心させてあげたい、そして――世間体。

しかし、職場での出会いはなく、結婚相談所にも入会している。

「１泊２日のツアーなら、条件ではなく人柄で相手のことを見ることができそう。生活費も安いので、東京よりも相手の年収を気にしないでいいですし」

そう期待する。

女性は今回のツアーに往復の交通費、宿泊代、食事代を含めて１万円で参加することができる。地元の魅力を知ってもらうため、美術館や酒造を案内し、宿泊地は温泉。夜には特別にキャンドルをともした「雪灯り」まで用意された。

しかし、中には、途中から男性とほとんど話すことなく、スマートフォンでの写真撮影に夢中になっている女性もいた。その後、さっそくインスタグラムに写真をアップし、「会社員をしながらブロガーもやっているんです」とうれしそうに話していた。男性の一人は「婚活じゃなくて観光目的で来たのかな」といぶかしがった。

2日目の昼。古い農家を改装し、地元食材をふんだんに使った料理を出す小千谷《おぢや》市のレストランが、最後のフリータイムとなった。マスターはもじもじと席に座ったままの男性たちを個別に呼び出し、

「彼女も誘われるのを待っているぞ」

と積極的に行動するようハッパをかけた。

この日は10組がカップルになり、連絡先を交換した。同い年の女性とカップルになった団体職員の男性（27歳）は、「マスターたちの助言やサポートがあったので、自然と距離を縮めることができた。周りがどんどん結婚しているので、自分も早いうちにできたら」と感謝した。ただ、新潟県の取材時点までの移住婚活ツアーでは計20組以上がカップルになったが、遠距離が災いしたのか本格的な交際には発展しないケースもあるという。

女性が帰途についた後、マスターはカップルになった男性たちだけを集めた。

「この先が大切。早く会う約束を取り付けて」

「新幹線が東京に着くまでに返信をすること」

「ただし、１回目のＬＩＮＥはお礼中心で重くならないように」

と手取り足取りアドバイスした。

マスターの元には、イベント終了後も、参加者からの相談が寄せられる。「このメールにはどういう風に返信したらいいか」と文面の添削を依頼されれば、まるで学校の先生のように「相手と同じくらいの文字量、絵文字の数で返信をすること」とアドバイスして恋愛に不慣れな20〜40代をサポートする。

ただ、相談してくる段階で、すでに「なんですぐ返信をくれないの」などと相手の気持ちを無視したメールを何通も送ったり、自分の日常をつづった「俺日記」や写真を一方的に送りつけているケースもあるのだという。

マスターは「そういうレベルの相談だと手遅れ」と言い切る。

３カ月でプロポーズ

新潟県は２０１６年度、内閣府の交付金を活用してこの事業に約５０００万円を計上した。

ただ、結婚は「ご縁頼み」の部分が大きく、評価が難しい面もある。県の担当者は「結婚は私的な選択で、タイミングもそれぞれ。どこまでフォローするべきか悩ましい」と打ち明ける。

２０１８年時点で、こうしたツアーをきっかけに成婚したカップルで、県が把握しているのは１組。あの婚活ツアーの最後のフリータイムで、マスターに促されるように二人きりで散歩をしたのがきっかけで、お互いの気持ちが固まったという。遠距離恋愛を乗り越え、３カ月後にはプロポーズ、18年7月には子どもが生まれ、新潟県内で幸せな家庭を築いている。

私は子どもが生まれる直前、新潟まで二人に会いに行った。

移住婚活ツアーの間、女性は静かであまり感情を表に出さない印象だった。しかし、結婚して隣にいる夫と「あのときはどうだったっけ？」と見つめ合い、仲むつまじく笑い合う姿は、以前よりも明るく、柔らかい雰囲気をまとっている気がした。実は結婚直前に、男性の母親ががんで入院。他界するまで女性が献身的に看病を手伝った。男性は「つらい時期に精神的な支えになってくれた。母も喜んでくれたと思う」と感謝していた。女性は亡き義母に代わり、冠婚葬祭など地域のしきたりを少しずつ身に付けている。女性も「子どもがずっと欲しくて婚活をしてきたのでうれしい」とほほえんでいた。

母になる幸せが全身からあふれ出ていた。

1万組以上を自治体が「仲人」

共同通信は２０１７年、独身男女の出会いの場作りや縁組など結婚支援事業に関する都道府県と市区町村の自治体調査を２回実施した。メディアが結婚支援事業に関する大規模な全国調査をするのは、おそらく初めてだったと思う。ふたを開けてみれば、調査をした私たちの予想を遥かに上回る成婚数だった。

まず都道府県。全47都道府県で延べ約60万人が参加し、少なくとも８０００組近くが結婚していた。少子化や人口減への危機感が高まる中、大半が２０００年以降に取り組みを開始。17年度の予算は計23億５０００万円で、31府県が実施した12年度の計３億４０００万円の約７倍と急増している。自治体事業の安心感や民間の結婚相談所などと比べて安い費用が支持されたと考えられる。成婚数が多いのは茨城や兵庫、愛媛、長野、石川など比較的早く取り組みを始めた県が多く、全国に散らばる。専門家にこの数字を伝えると「こんなに成婚しているんだ」と驚き、一定の評価ができると指摘した。

その後、全国１７４１市区町村にも独自に調査したところ、53・５％に当たる９３２自治体で事業を実施し、こちらは延べ約37万６０００人が参加、把握分だけで６０００組以上が結婚した。少子化や若者流出といった人口減少対策の一環として取り組む例も多かった。

ただ、市区町村の調査結果からは、課題も見えてきた。そもそも、事業の効果について検証している自治体は半数程度にとどまった。事業の効果について回答した８０６自治体のうち、「効果がある」は14・９%、「一定程度ある」は67・２%だった。理由は「成婚の実績が出ている」「知名度向上や活性化に一定の成果」など。一方で、「あまりない」は14・３%、「ない」は３・６%だった。理由は「成婚の実績がない」が多く、「地理的に不利な地域では都市部から参加しにくい」という声も聞かれた。

参加人数を答えた８３７自治体では、「１００人以下」が32・０%と最多で、参加者が集まらず行き詰まっている様子がうかがえた。「参加者が少なくマッチングが難しい」との訴えもあった。参加者からは自治体に対し、「(参加)メンバーやイベントの内容」への苦情のほか、「相手から迷惑行為を受けた」「交際がうまくいかない」といった声も寄せられている。

カップルつぶしの聖夜イベント

私が耳にしたある山間部の町の婚活パーティーの例を紹介したい。

町がクリスマスイブに「聖夜の婚活イベント」を実施したところ、男性２人、女性１人しか応募がなく、独身の町職員数人が「サクラ」として呼び出された。カップリングは誕生しないどころか、彼女を置いてきぼりにして婚活イベントに参加した町職員は「仕事だ」と弁明しても聞き入れてもらえず、別れることになった。恋人たちの将来を壊すという最悪の結果を招いたにもかかわらず、町の担当課は翌年も同じようにイブに開催を強行しようとした。結局、町職員の強い反対を受けて、１週間前倒しされることに――。

　このイベントを企画したのは、既婚の50代の男性管理職。企画段階で「イブに寂しい思いをせず、結婚相手まで見つかるかもしれないんだから参加者にとっても一石二鳥だろう」と満足げだったという。

　カップルが楽しむ日だからこそ、暇だと思われたくないという婚活中の人の繊細な心情や町職員のプライベートに想像が働かない鈍い人だったのだろう。お役所感覚では結婚支援事業の成功は望めない。

　行政の結婚支援については「税金を使うべきではない」「プライベートな領域に踏み込むな」という批判が常につきまとう。多くの参加者がいて、成婚に結びついていることが明らかになったからこそ、やりっ放しにするのではなく、まず内容や成果をきちんと検証して理解を求める必要がある。ただ、結婚＝子どもが生まれる＝少子化対策という短絡的な考え方は間違っている。結婚しても、子どもを持たない夫婦だっている。成婚数を増やそうとするあまり、行政が「子どもを産んで」というメッセージを押しつけることがあってはならない。

＊

続く第2章では、尾原佐和子記者が、バブル経済を謳歌《おうか》したシニアの婚活を描く。人生の経験を積んで「不安定な雇用」や「出産のリミット」といったしがらみとは無縁のシニアたちは、驚くほど情熱的で純粋に、恋愛や結婚生活を楽しんでいる。第1章に登場した葛藤する30～40代とは対照的だ。一方で、配偶者や親の介護という差し迫った問題にも直面している。

人生１００年時代の恋愛・結婚の姿とは――。

第2章

夢見るシニア

文・尾原　佐和子

男性の2倍じゃだめ？

シニアの婚活についてお読みいただく前に、私（尾原）自身が働いてきた時代背景について、少しだけ説明したい。

私はバブル世代より少し上、１９８６年に施行された男女雇用機会均等法第一世代。法律は施行されたが、就職した頃、一般企業では、女性社員は職場結婚のための〝お嫁さん候補〟という見方がまだ残っていた。大卒で、自宅通勤でない女子の一般企業への就職は難しいといわれた。一生続けられる仕事は公務員や教師か、マスコミというのが相場。運良く入社できても、多くの人は結婚や子育て、夫の転勤、仕事への疑問など、さまざまな壁にぶち当たり、職場を去っていった。

均等法施行からちょうど30年の２０１６年、共同通信社では、当時大手企業約１００社に総合職として入社した女性がどれぐらい働き続けているか調査した結果を配信した。回答した企業28社、約１０００人のうち、約８００人が退職し、残っているのは全体の２割だけだった。大卒女子の就職自体が難しい中、競争を勝ち抜き、入社した優秀な女性でも、企業で働き続けることがいかに難しいかを裏づける結果だ。新卒で入り、同じ会社で働き続けている人は私の周囲を見渡してもほとんどいない。

予想していたとはいえ、日本社会の現実をあらためて突きつけられた。

この調査のインタビューに答えてくれた元総合職の女性は次のように語る。

「同期では最初はトップの評価だったのに、子どもを産んだ途端、最低ランクに落とされた」

必死で努力して、再び高い評価を受けるようになったが、第2子を産むとまた、最低ランクへ。その後も、努力を重ねたが、体を壊し、力尽きて退社した。均等法第一世代を調査した研究職の女性は、

「男性の2倍じゃだめ。3倍働いて初めて同等だった」

といった声が聞かれたと振り返る。

「女性は家にいて、家事育児をするべき」という社会規範と「男性同様に働く時代になった」という矛盾する二つのメッセージに女性たちは揺さぶられ続けた。女性自身も「愛する人と結婚し、家庭を持つことが本当の幸せ」という価値観から自由になれなかった。仕事のために家事や育児が十分にできないと罪悪感を覚え、それは愛情が足りないからだと自分を責めた人も多いだろう。30年以上が過ぎ、働く女性は増えたが、今もその構造自体は根強く

残っているように見える。

記者の世界は典型的な「男社会」だった

私自身は一人でも生活できる仕事に就かなければとずっと考えていた。

共同通信社の子会社に入社し、海外などの金融情報サービス部門に配属された。当時、同期で入った記者職の女性は30名ほどの中で２人だけ。共同通信では前年に定期採用で事実上初めて女性記者を採用したばかりだった。現在では男女半々か、むしろ女性の方が多くなる年もあることを考えると、隔世の感がある。

４年間、主に金融情報やニュース営業の仕事をした後、ロンドン駐在員になった。経済大国ともてはやされ、日本企業が相次いで海外進出した時代。結婚退職する人の中には、夫の海外転勤についていくためだという人も多く、海外赴任は自然な流れに思えた。当時はバブル景気がまだ続いており、現地には多くの女性総合職が銀行や証券会社から派遣されていた。女性を積極活用しているという企業のイメージ向上という意味合いもあったように思う。

東西冷戦の象徴だったベルリンの壁が崩壊し、日本だけでなく、世界が明るい方に向かうのだという浮き立つような雰囲気があった。その空気を身をもって味わったといえるかもしれない。

２年後に帰国し、数年して以前から希望していた取材部門に移ると、職場の景色は一変した。

名古屋経済部に配属されたが、どこに取材に行っても女性の姿はほとんどなく、見渡す限り男性ばかりだった。それまで男女ほぼ半数の職場で働いてきただけに、典型的な男社会とのギャップは大きかった。今では考えられないが、記者クラブは一日中たばこを吸い放題で、一日いると洋服ごと煙で燻《いぶ》された。

社内結婚して子育てをしている女性記者もいるにはいたが、まれな存在だった。もしも地方支局で子どもを産むとなれば、会社中のニュースになった。子育て中の女性記者が珍しくなくなったのは均等法施行からずっと後のここ10年ほどではないかと思う。

その後経済部や社会部に在籍し、２０００年の介護保険制度スタート時には社会保障などを担当する取材チームにも入った。介護や医療、高齢者問題、福祉、少子化、子育てなど自分が興味を持てる分野ばかりで、それ以来部署が変わっても、何らかの形でそうした取材を続けてきた。

国や自治体による婚活支援もテーマだったが、どちらかというと、個人のプライバシーに踏み込む官製婚活の是非という切り口だった。しかし、少子化の深刻度が年々増し、そんな疑問の声は次第にかき消されていった。急激な社会の意識の変化には驚かされる。

老いても「恋心」は残る

「未婚社会をテーマにした連載をやりたいんです」

２０１７年、筋野記者が提案した通年企画で、私はシニアの恋愛・結婚を担当することができた。約20年前から少子高齢化問題を取材してきた私にとって、以前から腰を据えて書きたいと思っていた題材だ。それまで婚活関連の記事は何度か書いたが、普段から男性目線の硬派な記事を求められることが多く、社内で関心を持つ人はあまりいなかった。

女性記者が増え、ようやく部を挙げて本格的に取り組める時代になったのだと感慨深かった。中高年の婚姻数は若い世代とは違って上昇傾向にあった。シニアの回が加われば、読者の幅を広げ、別の視点を加えられるのではないかと思った。

シニアの恋愛や結婚については、若いときは自分自身でなかなか実感できず、取材を先延ばしにしていた。週刊誌などで老人の性について興味本位的に取り上げられることはあったが、もっと共感できる何かを探してきた。

一方で、介護施設の取材で、職員から「お気に入りの男性職員の言うことなら素直に聞く認知症のおばあちゃん」の話などを聞くと、最後まで「恋心」は残るのだという思いもあった。

月日が流れ、自身も伴侶《はんりょ》との別れを経験し、50代シングル、シニアの世代になった。もはや他人ごととはいえない。自分の問題としても、取材を進めることにした。

誰かにそばにいてほしい

中高年の婚姻数は増加傾向にある。結婚相談所が近年力を入れているシニア向けのマッチングサービスも軒並み好調だ。以前、ある結婚相談所の相談員はこう教えてくれた。

「若い世代の婚活パーティーではなかなか女性に声をかけられず、男性同士で話したりしてじれったいですね。それに比べると、高齢者、特に団塊世代が参加するパーティーは全然雰囲気が違います。男性は積極的で、ふられてもめげません。どんどん次に行きますよ」

シニア世代の〝勢い〟が伝わるエピソードだ。

シニアにパートナーを求める理由を聞くと「一人では何かあったとき不安」「誰かにそばにいてほしいから」といった答えが返ってくるという。特に東日本大震災後は「他人ごとではない」と、真剣に考える人が増えたようだ。「婚活」という言葉がここ10年ほどで定着し、パートナーを求める行動へのハードルが下がったことも背景にある。男性は家事など生活面でのサポートを期待、女性は経済面で頼りたいといった以前から変わらぬ願望も根強くある。若いときとは異なり、自身や家族の健康問題や介護問題に直面し、孤独とも向き合わなければならない高齢期。精神面だけでなく、制度面でもお互いに支え合う社会保障的な意味合いもあるだろう。同時に家族形成や子育てから自由になり、愛情だけで結びつく〝純愛〟を貫《つらぬ》ける時期ともいえる。

ただ、シニアといっても若い世代と地続きの50代、高齢期の入り口に立った60代、老いが現実問題になってくる70代では事情は大きく異なる。

ここからは、シニアというには若すぎるが、まず50代の結婚事情を見てみたい。

バブル世代は恋愛至上主義だった

２０１７年６月に「50代前後のバブル世代の結婚が増えている」という記事を書いた。地方紙はいずれも大きく扱い、中にはバブル時代の飲料コマーシャルで一世を風靡《ふうび》した「24時間戦えますか」のコピーをもじって、「24時間恋できますか」という見出しを付け、１

面トップで掲載した新聞もあった。

　思えばバブル当時、若い世代にとって、恋愛は今よりずっと生活の中での比重が高かった。というより、生き方や暮らし方を大きく左右していたように思う。クリスマスイブを一緒に過ごす恋人がいないからと、その日が来るのが憂鬱で、肩身の狭い思いをした人や、それまでに恋人を作ろうと焦った人も多かったはずだ。イブにはディナーの後、都心の高級ホテルに泊まり、翌朝チェックアウトに若い男性が列を作るといった今では信じられないような光景も見られた。

　恋愛至上主義という言葉があるが、女性たちはいつか白馬に乗った王子様が現れ、夢のような恋愛をして、幸せな結婚をする——そんな物語からなかなか現実に戻ることはできなかった。

　私自身もそんな風潮を冷《ひ》ややかに見ていたとはいえない。

　バブル世代は年を取り、世の中は様変わりした。しかし、その当時の気持ちにはいつでも戻っていけるのかもしれない。

　〝バブル世代の婚活〟記事は次のような内容だ（一部抜粋、加筆）。

男性は老後の生活、女性は経済面の支えを求める

50歳前後の「アラフィフ」世代の結婚が増えている。

子どもが手を離れた後の再婚カップルが多いが、初婚の人も目立つ。主役はバブル世代。いつまでも恋愛がしたいとパートナーを求める人が多いという。世の中の先行き不安が増す中「どうせなら今を楽しもう」といったムードが影響しているとの見方もある。

大手企業に勤める博さん（51歳・仮名）は、50歳になる直前で結婚した。相手の優子さん（51歳・仮名）も初婚だ。真面目で実直なサラリーマンという雰囲気の博さん。転勤で地元を離れ、女性との出会いはほとんどなくなっていた。人に勧められて結婚相談所に入会し、同世代で仕事を持つ優子さんを紹介された。若い女性を条件にしていたが、年齢はまったく気にならなくなるほど優子さんと意気投合。とんとん拍子に話が進んだ。

子育ては難しいが、その分経済的なゆとりがある。一緒に趣味や旅行を存分に楽しんでいる。

国立社会保障・人口問題研究所によると、婚姻数が減少傾向の中、40代以上は初婚、再婚とも伸びが目立つ。２０１５年の50～54歳の初婚は、男性が２９５０人で１９９０年の４・

7倍に、女性が1169人で2倍になった。再婚は男性が7710人で1・6倍、女性が6222人で2・1倍に増えた。結婚相談所では、配偶者と別れた後、子どもが成長し、今度は自分のことを考えたいと入会する人が多いという。やはり男性は老後の生活、女性は経済面の支えを求める声が強い。

5月に結婚情報センター（東京）が横浜市で主催したお見合いに参加した女性（54歳）は5年前に夫の暴力が原因で離婚。

「子どもへの暴力もあって、一時はもう結婚も男性も嫌でした。でも時間が経つと、やっぱり誰かにそばにいてほしくなって。子どもの教育問題なんかも相談できる人が欲しいですし」

3回の離婚歴があり、4度目の結婚を目指す男性（57歳）は「結婚はいいものですよ。経済的にも相手を支えたいと思っています」と話す。

マーケティングライターの牛窪《うしくぼ》恵《めぐみ》さんはバブル世代との重なりに注目する。

「バブル世代は若いときにトレンディードラマ全盛期を過ごし、恋愛至上主義的な傾向が強いんですね。若い世代は結婚を現実的に見ていますが、この世代はポジティブ。特に女性はいつまでも恋をしたい、失敗してもリベンジしたいと考えているのではないでしょうか」

と話す。

「頑張れば報われると思えたバブル期を経験し、つらい思いをしてもいいことが待つと信じる根拠のない自信があるように見えます」

結婚に対する考え方が変わってきたと話すのは精神科医の香山《かやま》リカさん。

「相手に人生をささげるものではなく、心の支えや人生の味付け的なものに変わってきているのでは」

今後老いに向かう年代だが、香山さんはこう話す。

「政治も世界情勢も不安定で一寸先は闇というムードがある。考えても仕方がない。ケセラセラという終末論的な発想があるのかもしれませんね」

新型コロナウイルス感染拡大で、世の中が一変した２０２０年11月、牛窪さんにあらためて話を聞いた。コロナ禍で、バブル世代に変化はあったのだろうか。

「安心や安全が確保されない中で、生きることや健康に関心が向き、ドキドキする恋愛より、誰かと一緒にいて癒《い》やされたいという欲求がこの世代でも高まっています。これはもともとこうした傾向の強い若い世代に近づいている現象。ただ、恋愛して成長したい、自分を変えたい、失敗しても大丈夫といった前向きな精神は変わらないでしょう」

こう分析してくれた。

キャリア捨て専業主婦になった55歳

２０１７年４月に連載が始まった「婚難の中で」では、「夢見る熟年」と題した第５部（10月配信）で、結婚や婚活に向き合うシニア世代の男女について書いた。彼ら彼女らのその後も交え、あらためて詳しく紹介したい。なお、年齢は取材当時のものである。

定年を前に、キャリアウーマンから専業主婦へ華麗な〝転身〟を果たした人もいる。

55歳で独身、東京都の食品関連企業で管理職を務める泉さんは、仕事を辞め専業主婦になった。地方に住む68歳の病院長と結婚。

積み重ねたキャリアは捨てた。

「仕事と妻の役目、両方できるほど器用じゃない。彼のそばにいて、健康を気《き》遣《づか》って差し上げたい」

華やかな容姿を引き立てるノースリーブのブルーのワンピースを身に着け、真剣に語った。

丁寧でそつのない言葉遣いや身のこなしから、ビジネスの世界で生きてきた女性ということがすぐに伝わってくる。

泉さんは今回が2度目の結婚。50歳を過ぎて新たなパートナーを探し始めたのは、子どもが独立した後、一人で暮らす自分を想像して不安になったからだという。　写真提供：共同通信社

結婚は2度目だ。短大を卒業後、一度も働かずに20歳で最初の結婚をした。

「結婚が何かまったく分かってなかったんです。ウエディングドレスを着るとか、新婚旅行に行くぐらいのイメージしか当時はありませんでした」

夫の両親と同居、価値観の違いから29歳で離婚した。二人の子どもを育てるため、とにかく懸命に働いた。気がつくと会社で責任ある立場になっていた。これまで出会いがまったくなかったわけではない。しかし結婚は考えられなかった。

50歳を過ぎ、子どもたちが独立したとき「この先ずっと一人かもしれない」と不安がよぎった。そんなとき、パソコンで、中高年の出会いの場作りに力を入れる結婚情報センター（東京）の広告が目に入り、軽い気持ちで登録した。その後センターから何人かの男性を紹介されたが、思うような人になかなか出会えない。次第に「本気モード」になり、婚活セミナーに足しげく通うようになった。

同社の須野田珠美社長は、熟年での結婚について「若返る、生活が楽しくなる、孤独死の不安がなくなる」などメリットが多いと説明する。一方で財産の相続や介護問題も避けては通れない。若い世代とは別の異性に対する価値観の違いもある。

セミナーで学んだのは「同年代の男性が求めているのはかわいい女性」ということだった。

当時の外見は仕事一筋のキャリアウーマン風。ショートカットで、この年代の男性が望む女性像とは恐らく違った。そこで髪を伸ばし、ウエーブをかけ、服装も女性らしさを強調するよう心掛けた。気持ち的にも「互いを認め合い、素直に受け入れよう」と努力を重ねた。そうして、20人ほどとお見合いをした後、現れたのが彼だ。

「体は大丈夫ですか？　あまり無理しないで」

自分を気遣ってくれるメールを見るたび、幸せに包まれる。一人で気を張って生きていたときには味わえなかった安心感だ。肩の力が抜け、気がつくと笑顔になっている。

「彼はわたしの宝物。頑張ってきた自分に、神様がくれたご褒美《ほうび》」

そう幸せを噛《か》みしめる。

年を取っていくことに不安はないという。

「二人で食事に気をつけて、運動をして自己管理をする。そうすれば病気にもならないし介護も必要ないと思っています」

二人の子どもたちも、母親の再出発に大賛成で、応援してくれている。

結婚後はこれまでの仕事のノウハウを生かして栄養関係のボランティアもしたいと夢は膨《ふく》らむ一方だ。

仕事の引き継ぎが終えるとすぐに、彼の住む見知らぬ土地へ身一つで旅立った。
明るい未来だけが待つと固く信じて――。

*

東京を離れてちょうど2年経った２０１９年の年末、連絡を取ってみると、「おかげさまで幸せな日々を送っています」と返事が来て、安心した。以前と変わらぬはつらつとした声。結婚相手の住む北海道に渡ってすぐに入籍し、病院長の妻となった。現在は専業主婦として、夫を支える生活だ。

かつては分刻みで仕事をしていた。「時間が余ってしまうのでは」と尋ねると、

「全然。主婦の仕事がこんなに大変だとは知りませんでした。やってもやっても終わらないし、きりがない」

と語る。栄養関係の仕事をしていたとき、講演会で自宅での食事や家事などについて触れる機会があったが、講演で話すのと実際にやってみるのではまるで違うという。

「何かリセットされた感じですね。今の私の役割は彼をサポートすること」

70歳になった夫は現役で診療をし、学会があればあちこちに出かけていく。

「人の生死にかかわるストレスの多い仕事だからこそ、家ではできるだけリラックスしてほしい」

今も勉強を続け、努力を惜しまない夫のことを心から尊敬できる。

「(学会の）出張から帰ってきて、『２日間勉強になりました』と謙虚に話す夫を『なんて素晴らしい人なんだろう』と思います」

結婚して２年経った今も会話は敬語。「ありがとう」「すみません」と思いやる言葉を忘れず、お互いに歩み寄る関係だという。

「私が東京に行ってしばらく家を空けたときなどは物があちこちちらばって家中大変なことになっています。でもそれを片付けるのが私のお役目ですから。私たちに残されている時間は限られているといつも心に刻んでいます」

自分自身の変化については、

「婚活をしているときは自分がいろいろしてもらうことばかり考えていましたが、結婚後は彼のため、人のために何ができるかと考えるようになりました」と語る。東京に住んでいるときは両隣の家の人の名前も分からなかった。今は近所の人とのつきあいも多く、新鮮な海産物をもらうこともしょっちゅうだ。習いたかったお琴やゴスペルも始めた。東京から見知らぬ町に来たと聞いて「よく来たね」と驚き、温かく接してくれる人たちに囲まれ、穏やかな日々を心から楽しんでいる。

「残り物には福がある」

もしも、年を取った自分の目の前に、高校時代に好きだった人が現れ、結婚して残りの人生を一緒に歩んでもいいと言ってくれたら——。

昔より弱くなった自分に、ときには優しく、ときには力強く手を差し伸べて、大丈夫だとそばで励ましてくれたら——。

平たんではない道も最後まで笑顔で進んでいけそうだ。

そんな夢を現実にした人もいる。

２０１３年のクリスマスイブ前日。65歳の新婦知子さん（仮名）と64歳の新郎孝男さん（仮名）は、名古屋市のホテルで結婚式を挙げた。二人とも初婚。初めて会ったのは長野県の県立高校の音楽クラブだった。出会いから実に半世紀が経っていた。

知子さんは高校時代、同じクラブの男子生徒の憧れの存在だった。ピアノを奏《かな》で、音楽大学を目指す〝お嬢様〟。一学年下の孝男さんにとっては雲の上の人のような存在で、言葉を交《か》わしたことは一度もなかった。

「かわいくて性格も良くて。今もかわいいけどね」

その言葉のまま、50年経った今も、花がほころぶような笑顔が素敵な美しい女性だ。

数年前、音楽クラブのメンバーの一人が亡くなり、同窓会を開こうと打ち合わせをすることになったのが、再会のきっかけだった。顧問の先生から冗談まじりに「独身同士、結婚すれば」とけしかけられた。「それなら自分が」と孝男さんの心が動いた。

孝男さんは東京の保険会社で次々とヒット商品開発を手掛けた〝敏腕〟医療コンサルタント。在宅医療などが得意分野だ。仕事人間で、結婚の機会を逃していた。話し上手で、頭の回転が速い。

「まさか僕が独身だとは誰も思わなかったんじゃないかな」

知子さんはプロの声楽家として活躍し、中部地方の大学で教えてきた。好きな道を歩んだが「人として生まれた以上は結婚したいし、子どもも産みたい」とも思っていた。

二人は遠距離交際をスタートさせた。打ち込んできた音楽とはまったく違う世界を見せてくれる孝男さんの話は新鮮で驚きの連続だった。会うたびに孝男さんは仕事の話を早口でまくしたてた。一方的に話すだけ話して「じゃあ」と帰って行く姿にあっけに取られたこともある。

しかし、次第に「人をとがめない性格の良さ」に惹かれていった。

そして「結婚なら今からでもできる」と決断した。

再会から1年半後、孝男さんは憧れの人を妻にすることができた。

結婚式は10人ほどのこぢんまりした式にした。二人で１９６０年代に流行した「ヘイ・ポーラ」をデュエット。プロでもある知子さんは、プッチーニのオペラの独唱曲を披露した。出席者は音楽クラブの仲間や二人を結びつけた顧問の先生など65歳以上の高齢者ばかり。

ホテルの担当者にも「これまでにないいい式でした」と声をかけられた。温かい会だった。

知子さんは孝男さんの住む東京近郊に移り住んだ。のどかで日本的な田園風景が続く静かな町だ。この町で二人は一緒に散歩をし、お気に入りのイタリアンレストランなどを見つけては出かけ、人生を楽しんだ。

「彼女は弱い人に優しい。『残り物には福がある結婚』」と孝男さんはしみじみ言う。知子さんも「結婚して、いいことも悪いことも共有できるようになってよかった」と笑う。

孝男さんは少し前に体調を崩し、体が少し不自由になった。以前に比べると言葉も出にくく、パソコンのキーが打ちづらくなっている。だが、アシスタントの助けを借りながら、コンサルティングやセミナー講師などの仕事に励んだ。

「帰宅すると、毎日笑顔で迎えてくれるのがうれしい。そのたびに結婚してよかったなと思う」

「老人ホームを回ってコンサートを開く」計画も立てた。「ボランティアでなく、もちろんお金を取って」と孝男さんがいたずらっぽく笑う。

インタビュー中、知子さんの優しい口調が少しだけ変化した瞬間があった。孝男さんの体調について話していたときだ。

「脳に障害があっても歌手を続けている人もいる。病気になったって残っている能力を使えばいいのよ」

力強い言葉に孝男さんは笑顔で何も言わずうなずいた。

知子さんは言う。

「独身のときに寂しいと思ったことはなかったし、不自由もなかった。今は自分の時間は減ったし、世話もしないといけない。だけど、二人の方が楽しい。だから一緒にいるの」

＊

1年以上経って連絡を取ると、孝男さんの病状は予想以上に進んでいた。取材を申し込んだが、知子さんから断りのメールがきた。「以前のような生活は遠くなった」というメッセージも添えられていた。

自身も体調を崩し、声を出しづらいと言う。電話で話を聞くこともはばかられた。いったんは自分たちのことが本に残ることには抵抗があると伝えてきたが、仮名を条件に最後は承諾してくれた。体が思うように動かなくなった孝男さんに今もそっと寄り添う生活だ。

「体が不自由になっても私たちの生活には笑いがあります。医学の進歩にも期待したい」という言葉にこちらが励まされた。

残っている能力を使えばいい――。

優しいけれど、きりっとしたあのときの表情が脳裏に浮かんだ。

70歳と38歳の年の差婚

多くの人が老いと向き合わざるを得ない70代。神様の贈り物ではと思ってしまう再婚をした男性もいる。妻は自分の娘や息子より若い32歳年下。妻を亡くし、定年後に親を介護していた最中に出会いは訪れた。10年後、20年後に向けて新たな人生を歩んでいる。

70歳の武さん（仮名）と38歳の愛さん（仮名）。32歳の年の差夫婦は東京の下町のバーで出会った。武さんから見た愛さんの第一印象は「不機嫌そうなやつだな」。常連として顔見知りになって数カ月。ふとしたことからお互いにローリング・ストーンズのファンだと知ったのが、距離が近づいたきっかけだ。

武さんが店で友人と話しているとき、ローリング・ストーンズのドキュメンタリー映画が上映されていることが話題になった。まだ見ていなかったため、「今なら最終回の上映に間に合う」と映画館へ直行。見終わって店に戻ってくると、まだ愛さんが飲んでいた。それからひとしきり映画の話で盛り上がった。

「おもしろいやつだ」

恋人になるのに年の差は関係なかった。

当時、長年連れ添い、病気を抱えていた妻を亡くし、介護が必要な母親と二人暮らしだった。認知症が進み、手に負えなくなってくると、愛さんが助っ人として家に通い、やがて引っ越してきた。

長年編集関係の仕事をし、頭には白髪が交じるインテリ風の武さんと、髪を短く切りボーイッシュで、はっきりものを言うタイプの愛さん。武さんは次第に愛さんの根っからの優しい気性に気づいていく。

寒い日に母親の体を洗うとき、熱いシャワーを壁全体にかけて浴室を温めておく。母親が喉《のど》に詰まらせないよう、母親の分だけは手まりずしを小さめに握る。さりげない心配りにいちいち感心した。

「母親が混乱しないように結婚したことはあえて伝えなかった。愛のことは最後まで誰だか分からなかったのが残念だ」

と武さんは言う。

「ただ、一度だけ愛のことを、結婚相手にいいのではといったそぶりを見せたときは、やはり母親だと驚いた」

正式に結婚したのは4年前。武さんは最初入籍には気が進まなかった。

「このまま籍は入れず、俺が弱ったらバイバイすればいい」

しかし、愛さんは結婚を望んだ。

「介護することになってもいい。一人っ子で両親の介護は覚悟していた。それなら、何人で

親子ほど年が離れている武さん（左）と愛さん（右）。結婚後、愛さんは年上の娘と息子の母にもなった。　写真提供：共同通信社

も同じこと」と思えた。正式な夫婦でなければ、命にかかわるようなときに、一緒にいられない。迷いはなかった。

10年以上介護した母親を昨年みとり、二人だけの生活になった。毎日晩酌をし、時々テレビに突っ込みを入れながら、あれこれと語り合う。政治、音楽、仕事、いくら話しても話題は尽きない。

「だんだん好きになってくみたい。いずれは一人になると分かっているけれど」

一緒になってから武さんの生活はがらりと変わった。野菜をふんだんに使った手料理を食べ、公務員として働く愛さんのために、たまには自分でも慣れない料理を作る。暇を見つけては歩き、ストレッチ。

「彼女に迷惑をかけないために健康でいないといけない。一人のままだったら毎日飲んだくれていた」

愛さんは仕事中も1日1回「生存確認のための」メールを欠かさない。親子にも見える二人だが、間違えられることはないという。

「何か分かるんでしょうね」

そう言って二人で見つめ合った。

＊

その後、二人は近所に新居を購入した。約１００平米の一戸建て。愛さんが急に思い立って提案した。「仕事をする目標が欲しかったから」。武さんも「まっさらな所から二人で作りたかったんだと思う」と気持ちを代弁した。

新居の購入費用は半分を武さんが現金で支払い、残りは愛さんが定年までの20年間で払えるローンにした。

ゆったりとした20畳以上あるリビングにはセンスのいい家具が置かれ、ドライフラワーが飾られている。大きな窓からは二人が〝借景〟と口をそろえる緑の森が見える。「自宅が別荘のよう」と武さんは満足そうだ。広くはないが、花々を植えられる小さな庭もあり、自宅を訪ねた夏には玄関近くの青い朝顔が元気に花を咲かせていた。二人でチューリップの球根を植え、春を待つ。

愛さんは結婚で一度に年上の娘と息子、５人の孫を持つことになった。新居には子どもや孫たちも訪ねてくる。皆が集まると、もちろん、料理が好きな愛さんが腕をふるう。「みんなよく食べるので大変」とうれしそうだ。お酒が好きな大人たちがお昼から酒盛りで盛り上がる中、小さい子どもたちは広いリビングを駆け回る。子どもや孫たちとの関係を訪ねると「私が最高権力者と言われています」との返事が返ってきた。

「幸せですね」と愛さん。

「年のせいか、時々むせることもあるけど、彼はやっぱりかっこいい」

武さんも「よくできた女房だと思うよ」と返した。

「定年まであと20年、そのとき彼は90過ぎだからそれまでずっと一緒にいられるかもしれない」と思い始めている。ただ、一人になったときの準備もしている。

「『私が寂しそうにしていたら、声をかけて誘ってね』と今から職場の若い人たちに声をかけて、バックアップ態勢を作っています」

と笑った。

60超えても結婚願望消えず　2世帯住宅に一人暮らし

「夜、風呂に入ってるときに、ふと思う。このまま死んだらどうなるんだろうと」

川崎市に住む無職の芳樹さん（61歳・仮名）は、こう言って苦笑した。6年間介護してきた母親が入院。結婚後も親と同居できるようにと30年ほど前に建てた2世帯住宅に一人で暮らす。

信用金庫に勤務しながら、独身のまま両親と同居してきた。２０１０年に父親が亡くなり、翌年母親が倒れて要介護状態になった。いったんは施設に入所させたが、その１年後、周囲が反対する中で退職し、自宅に引き取った。

後悔だけはしたくなかった。介護一色の生活が始まった。

ずっと結婚したかった。30代ぐらいまでは、週末ごとにグループでのデートに励んだ。しかし、年を取るにつれ、相手との年齢が開き始め、交際自体も困難に。介護を始めてからはさらに遠ざかった。

「介護で仕事を辞めたことは後悔していない。選ばなかった選択のことは考えてもしょうがない」

だが、親に孫の顔を見せられなかったことに負い目はある。

「孤独。やっぱり話し相手が欲しい」

高齢になって病気やけがをしたとき、一人暮らしのままではつらい。誰かがそばにいてくれるだけで大きな心の支えになる。

結婚事情に詳しいニッセイ基礎研究所の天野馨南子《かなこ》シニアリサーチャーは、「身近に面倒を見てくれる人がいない高齢の一人暮らしが増えれば、防災、防犯、疾病管理などさまざまな観点から社会不安が増大する」と指摘する。熟年カップルの増加は、そうしたリスクを軽減させる効果があり、望ましい傾向だという。

単身で介護をする人の集まりで親しくなった同年代の男性が親をみとった後、結婚相談所に登録し、結婚した。ずっと親と同居で初婚。相手は再婚で高校生の娘がいる。「難しい年頃で、うまくいかない」と嘆きながら、父の日にもらったという財布を大事に持っているのがうらやましい。

「結婚でも子育てでも、人にはそれをするのにふさわしいときがあるとつくづく思う。彼の場合は今だったんだろう」

「自分もいつかは結婚したい」という思いが募る。残りの人生を分かち合える誰かとの出会いを今も夢見ずにはいられない。

＊

地方新聞に記事が掲載された後、コピーを送ったところ、「いやあ、あらためてこうやって自分のことを読むと、自分頑張れって思っちゃいましたね」という連絡があり、ほっとした。

事実と異なることを書いたわけではないが、60歳を過ぎた男性としてはもしかしたら複雑な思いになるのではと少し気になっていたからだ。同時に率直に気持ちを語ってくれたことに私はあらためて感謝した。

介護していた母親は入退院を繰り返し、２０１８年４月に亡くなった。認知症や多臓器不全となり、胃ろうもつけ、最後は心筋梗塞だった。一周忌が過ぎ、さまざまな手続きが落ち着いた後は、介護をしている人たちが集まるカフェのスタッフとしてボランティアを始めた。スポーツクラブ、趣味のクラシックのコンサート、大学の歴史学講座、市や民間団体の介護セミナーの講師……。スケジュールがあっという間に埋まっていく毎日だ。

話好きな芳樹さんは介護カフェではもっぱら認知症の男性の話し相手になっている。

「大体は介護している奥さんに連れられて来て、奥さん同士がおしゃべり。その間僕がご主人の相手になるんです。現役時代はパソコンを作っていたとか、新聞社で校正の仕事をしていたとか、皆仕事の話しかしませんね」

だが、「毎月のように会っていても認知症の影響で記憶力が衰《おとろ》えてきているので、毎回同じ話を初めてのようにやり取りするんです。なかなか新鮮ですよ」と楽しんでいる様子だ。自らの経験を伝えるのは母親の介護をしていたときの恩返しの気持ちからだという。

２０２０年11月で65歳になった。出会いについて聞くと「難しいですね。でも結婚願望はありますよ」と言い、気持ちは変わっていなかった。

「話が合わないと困るから5、6歳下の人がいいかな。同年代の女の人は強いからなあ」

ただ、結婚相談所への登録にはどうしても躊躇《ちゅうちょ》してしまう。

「女性の方は生活苦が理由という人もいて、うまくいかない例も聞いているし」

最近独身同士で話すと必ず話題に上るようになったのが「墓をどうするか」という問題だ。

「年下の奥さんなら墓を見てもらえる。墓参りに行って、あちこちの墓に雑草が生《お》い茂《しげ》っているのを見るとやはり考えてしまいますよね」

高齢者の仲間入りを前に、結婚相手に求めるものも少し変わってきた。

活況のシニア婚活について聞いてみた

活況のシニア婚活ビジネスについて、中高年の婚活の先駆けといえる茜会を運営する日本健康管理株式会社（東京）の川上健太郎統括部長に現状を聞いた。

――最近のシニアの婚活ビジネスの状況は？

川上さん　ここ7、8年でしょうか。婚活という言葉が一般的になったことで、シニアの間でも結婚相談所に足を運ぶことに抵抗感がなくなったようです。それぞれの事業者が業績をオープンにしているわけではないので、市場全体の数字は分かりませんが、業界全体としては伸びていて、活況です。

――かつてのシニア婚活と最近とで何か変化はありますか。

川上さん　基本的には求めるものは変わりません。条件的には女性はまず年齢が近い人。あまり年上だと早く一人になってしまうから。男性は若い人を望みます。女性では年齢が上がるほど、男性に経済的なものを求める傾向がありますね。定年を迎えているかどうか、年金額がどうかなどが重要です。男性からは身の回りの世話をしてほしいという希望は意外と少なくなっています。一人である程度長く生活している人もいるし、何かと便利になっているから。自分自身の介護まで考えている人はほとんどいません。介護に関しては、たとえば相手に負担をかけないようにと、二人で老人ホームに入ったカップルもいました。一番多いのは困ったときに誰かにそばにいてほしいという希望。これは男女とも共通です。

――具体的にいうと？

川上さん　たとえば夜中に苦しくなって救急車を呼ばなければならないとき、病気で寝込んだとき、もし風呂やトイレで動けなくなったとき、一人でどうしたらいいのか不安だとみなさん言います。孤独死の問題もクローズアップされ、自分がそうなったらという恐怖を感じるようです。東日本大震災も契機になりました。他人ごとではないという感覚が婚活を始めるきっかけになっています。

――シニア婚活の課題は何ですか？

川上さん　子どもとの関係、財産のこと、自宅をどうするか、籍を入れるか、事実婚にするか、さまざまな課題があります。中でもやはり子どもの理解が得られるかどうかが大きい。「その年になって再婚か」という心理的なものと、やはり財産分与の問題です。当会では、婚活そのもののノウハウに関するセミナーだけでなく、こうした法的、経済的な問題を解決するためのセミナーも開いていて好評です。

――一人で不安な人は多いかと思いますが、なかなか婚活まで踏み出せないのでは？

川上さん　不安なら子どもと住む、外部のサービスを頼むなど他にも方法はあります。それでもパートナーが欲しいという方向に気持ちが向くのはやはり若い証拠。人生１００年時代に一人のパートナーだけと添い遂げるというのは難しいといった言葉を聞いたことがありますが、まさにその通り。また、婚活パーティーとは別にゴルフや写真、カラオケ、探検などのクラブ活動があるのですが、そうした中でカップルが生まれることも多い。同性の友人も作れるとあって人気です。ライフスタイルが活動的で気持ちの若い人がシニア婚活に向かうといえるのではないでしょうか。

取材を終えて

他人ごとではない――。だが、シニア婚活取材を終え、婚活をしてみようかという気持ちになったかと問われると、正直分からない。

ただ、今回の取材を通して一番感じたことは、伴侶を見つけた人もそうでない人も、皆未来を信じ、自分を信じ、パートナーとの生活に夢を見続けることができる人だったということだ。体力が落ち、病気がちになる高齢期の生活はこれまでとは違い、決して夢物語とはいかない。

それでも誰かの人生を引き受け、一緒に歩むことを選ぶシニアたち。いつまでも明るい夢を見続けられる人が、いつかパートナーに出会い、どんな未来が待っていても、幸せだと思うことができるのだろう。シニア婚活イコール幸せを感じる準備――と考えれば悪くない。

＊

第3章は子どもに代わって親が婚活する「代理婚活」を筋野茜記者が担当する。

「余計なお世話では?」「そこまでして結婚しないといけないの?」とさまざまな疑問も沸くが、親たちはいたって真剣で、必死だ。そんな姿を見る娘や息子たちからは「放っておいて」という声が聞かれる一方で、「ありがたい」といった反応も。「子どもの幸せを願う親心」だけでは片付けられない親の本音や、隠れた親子の問題も浮き彫りにする。

第3章　悩む親たち

文・筋野　茜

子どもに代わって親が婚活

価値観の多様化で、ほとんどの人が結婚した「皆婚社会」は終わりを迎え、男性の４人に１人、女性の７人に１人が一度も結婚しない時代になった。若い世代にとって結婚は絶対ではなくなりつつある。そんな中、結婚こそが幸せと、独身の子どもに代わって嫁・婿探しをする「代理婚活」が盛況だ。

私が「代理婚活」という言葉を知ったのは、インターネット記事になった女性週刊誌の特集だった。親目線の「結婚しない子どもの幸せのため」というトーンの記事を読んで、「そこまでして結婚しなければいけないの？」「余計なお世話じゃないの？」ともやもやした気持ちになった。しかし、日本では結婚において親の存在は大きい。

私も１年に１度ほど両親に、「結婚の予定は？」と聞かれることがある。

できることなら、親に心配はかけたくない。以前、従姉妹の結婚式に出席した父親が「自分もバージンロードを歩いてみたいなあ」とつぶやいたときは、少々申し訳ない気持ちになった。ただ、私の考えをよく分かっているので強制はしてこない。結婚へのプレッシャーもほとんど感じたことはない。

「親と結婚」は、ずっと連載のテーマにしたいと考えていた。さっそく２０１７年春に取材を始めた。

ハウスメーカーが代理婚活イベントを主催

２０１７年6月の日曜日。東京駅近くにあるオフィスビルの会議室に、中高年の男女約２００人が吸い込まれるように入っていった。独身の子どもに代わって親が結婚相手を探す「代理婚活」の交流会。主役はこの場にはいない息子と娘だ。

事前に参加者の子どもの職業、学歴、身長と体重、転勤の有無、相手に求める条件などが書かれたリストが配られているため、気に入った人の席を順番に回っていく。

「初めまして」

「素敵な娘さんですね」

向き合うと、挨拶もそこそこにお互いの子どもの写真とより詳しいプロフィールが書かれた身上書を見せ合い始めた。

交流会の主催は住宅メーカー・ミサワホーム（東京）の子会社メディアエムジー。取材の数年前に親の代理婚活を手掛ける「良縁の会プロジェクト」を始めた。２０２０年10月末現

子どもの結婚を望む親が集まる交流会。相手を見極めには「親の結婚観」が色濃く反映されていた。　写真提供：共同通信社

在、首都圏のほか北海道から福岡まで約１９０回開催し、延べ３０００人が参加。報告があっただけでも50組以上が成婚した。交流会の参加費１万円程度を負担すれば、入会金や成婚料はかからない。メディアエムジーの石丸早見参事は、

「結婚の縁結びをしたら、家の購入やリフォームのときに親会社を選択肢に入れてもらえるかも。一方、親御さんからすると、ミサワホームという知名度は信頼感・安心感がある。イベントでの儲けはなく、まさにボランティアで幸せのお手伝いをしています」

と説明する。たしかに、人生の伴侶を見つけてもらったら、家を建てるときはお礼にお願いしようと考えるかもしれない。

この日の交流会に参加した人の子どもの年齢は、男性25～51歳、女性24～45歳。両親そろっての参加も多く、北海道や九州から飛行機で駆けつけた人もいた。プロジェクトのコーディネーター小林美智子さんは、

「今は結婚相手と出会うのが大変な時代。親は我が子の性格をよく理解しているので、出会いの可能性を広げることができる」

と解説する。

親同士が合意すれば、写真と身上書を交換して持ち帰り、双方の子どもが希望したらお見

合いをするシステムになっている。目の前で繰り広げられた光景は、普通の婚活パーティーよりも遥かにシビアで単刀直入なやりとりだった——。

むき出しになる「昭和の結婚観」

息子の相手を探す父親が「年収は７００万円ですが、転勤があります」と打ち明けると、相手の母親は「一人娘なので東京以外に嫁がせるつもりはありません」と身上書の交換を拒んだ。その母親は「あとで『話が違った』と揉《も》めるのは嫌なのでお伝えしました」ときっぱり。

東大卒の国家公務員の息子を持つ母親の前には女性の親の行列ができていた。まるでオーディションのように「うちの子は料理が得意なんです」「趣味が合うはず」と次々とアピールをしていく。男性の母親は「うちの息子は忙しいので、男性みたいにフルタイムで働いている女性は合わない。仕事はやめてもらえますか」と大企業に勤務する女性の親に尋《たず》ねていた。

一方、30代の長男の結婚相手を探す父親は、「こういう場所では高卒だとなかなか目に留めてもらえない」とこぼした。男性は学歴と年収で人気に差が出ているようだった。子どもには苦労することなく生活してほしいという親心の表れなのだろうか。

「孫の顔が見たい」という思いも直球だ。

72歳の母親は、48歳の息子の花嫁候補を20代に絞り、リストを見ながら候補者の席をくまなく回っていた。年の差を理由に断られ続けたが、「息子は若く見えるし、若い女性なら孫を2人は産めるから」とめげない。

子どもの写真を見せてもらうと、年相応の奥手そうな男性が写っていた。

「もう少し年齢が近い方が息子さんと話が合うのでは」と伝えると、「高齢出産になる。子どもが産めるか分からない女性では意味がない」という答えが返ってきた。

普段の婚活ではオブラートに包まれている、「昭和の価値観」がむき出しになっていた――。

いきなり「親不孝者」

本当に、大人の男女が結婚という人生の決断を親任せにしているのだろうか。

ふと、机の上に置かれた写真を見ると、スーツ姿の真面目そうな40歳前後の男性が桜をバックにほほえんでいた。母親は「この会のために、息子と場所を相談して撮影しました。彼は『母さんが選んだ人なら間違いない』と信頼してくれています」と教えてくれた。交流会の参加には、事前に子どもの了解を取ることが条件になっているという。

親同士はあくまで「橋渡し」で、ここからが勝負。参加者たちは、交換した資料を大切そうに抱えて家路についた。

*

このようにして実際に代理婚活をする親子のルポ取材が始まった。

正直、1年半に及ぶ連載の中で、精神的に最も消耗した取材だった。代理婚活をする親たちは、悪気なく「結婚しない人生＝絶対悪」だと思っている。ある親からは、

「あなたは独身？　うちの息子と年齢も近いから（実際は10歳差）一回会ってみない？」

と言われた。私は失礼がないように「今のままでも楽しいので……」などと仕事を理由にして断った。

するとその女性はため息をつき、

「ウエディングドレスを着て、出産して、親を喜ばせるのが娘の仕事でしょう。男勝《おとこまさ》りに

仕事をして結婚もしないなんて、なんて親不孝者なのかしら」と嘆いた。初対面で投げかけられた「親不孝者」という言葉に面食らった。もし、この人が自分の母親だったらつらかっただろうとも思った。

こうしたことが取材中に何回かあった。当時もし私が結婚を焦っていたり、親からプレッシャーをかけられたりしていたら、途中でギブアップしていたかもしれない。

＊

これから代理婚活の取材で印象的だった人たちを紹介する。最初は違和感だらけだった親たちに対しては、取材を進めていくうちに、子どもの幸せを切実に願う気持ちに触れ、少しずつだが理解できるようになった。そして子どもたちの葛藤は、独身という同じ立場として共感する部分も多かった。

すれ違う親子の気持ち

良縁の会の紹介で出会い、1年にわたって取材させてもらったのが、都内に住む小倉さん親子（いずれも仮名）だ。

自営業でお店を切り盛りする母親の良枝さん（66歳）は明るくておしゃべりが好きで、なんでも打ち明けてくれるタイプ。取材も二つ返事で快諾してくれた。病気で手術をした友人の話をするときは涙を流すなど、とても優しい面もあった。

最初に良枝さんに取材させてもらった後、娘の芽衣《めい》さん（36歳）から話を聞いた。私と同年代の芽衣さんはお母さんとは正反対のシャイな女性。最初は人見知りをしているようだったが、趣味の話になると楽しそうに笑顔を見せた。二人には本音を聞くために別々で話を聞いた。

＊

代理婚活を続ける母親、良枝さんは２０１７年６月に開かれた良縁の会プロジェクトの交流会にも参加した。それから１カ月後、自宅のポストに届いた白い封筒を見つけ、ため息をついた。

「まただめだった……」

良枝さんは東京都の郊外で夫の充さん（73歳）と食料品店を営んでいる。封筒の中身は、家業を手伝う長女芽衣さんの写真と身上書。交流会のときに参加者の親と交換したものだった。個人情報が含まれているため、断りを入れる場合は相手に返送することになっているが、丁寧に「うちの息子には立派すぎてもったいない。今回のお話は遠慮させていただけませんか」という手紙まで同封されていた。

良枝さんたちは10年前、人と打ち解けるのに時間がかかる芽衣さんに代わって婚活を始めた。芽衣さんには20代の頃、店の客に紹介を頼んで結婚寸前までいった男性もいたが、うまくいかなかった。6年前から参加している代理婚活では実際にお見合いをした人もいるものの、今回のように会う前に断られることが多い。少しでも出会いにつなげようと充さんが、「箸《はし》にも棒にもかからないかもしれませんが、一度だけでもお会いいただけませんか」と気に入った相手の親に手紙を出したこともあった。

芽衣さんは専門学校卒。良枝さんは返却された身上書を眺めながら、「年齢や学歴だけでなく、もう少し人物本位で見てくれたらいいのに」と目を伏せた。

良枝さんは取引先の会社で働いていた充さんと21歳で結婚し、長男（44歳）と芽衣さんを授《さず》かった。

「苦労も多かったけど、子育てを経験して夫婦で成長できた。娘も結婚して子どもを育てて、平凡でもいいから幸せになってほしい」

芽衣さんの将来に対する心配もある。長男は２０１１年に結婚し自分の家庭を築いた。ずっと手元で育てた娘は精神的にも、経済的にも自立していない。自分たちの死後、一人になって寂しい思いをするのではないか。人生の伴侶を見つけることが唯一無二の解決策だという焦りが募る。

断られることが続いたせいか、最近芽衣さんは「婚活」「お見合い」という言葉を嫌がるようになった。

「親が子どもの結婚に出てくるなんておかしい」

「そこまでしなくても」

という批判もたびたび耳に入る。充さんと良枝さんにも「人生は自分で切り開いた方が本人のためかもしれない」という葛藤はあるという。それでも、奥手な愛娘《まなむすめ》の幸せを願うのは「親心」だと考えている。

代理婚活された子どもの意見は

一方の子どもは、自分に代わって必死に婚活している親に何を思うのか。

「ありがたい」と「放っておいて」が半分ずつ――。芽衣さんは両親に対する正直な気持ちをこう表現する。

芽衣さんは女子高出身で、卒業後は女性が多い製菓の専門学校に通ったため、異性と話すのが苦手だ。友人に誘われて合コンに参加したときも、その場の雰囲気になじめず「早く帰りたい」としか思えなかった。27歳のとき、親が持ってきた縁談がとんとん拍子に進んで婚約。しかし、さまざまな事情が重なり、両家で話し合って破談になった。

「本当にその人のことを好きだったのかはよく分からない。でも侮《ぶ》辱《じょく》されたようでつらかった」と振り返る。

そんな娘の将来を思って30代に入ってからも、両親は見合い話を次々と持ってきた。

しかし、実際会っても、明らかにやる気がない態度だったり、デート中に道に迷ったりと、相手に落胆してばかり。会話が続かず30分足らずでお開きになってしまったこともあった。

今まで「いいな」と思った男性はいない。最近は、会う前に写真と身上書が返ってくることが多い。身上書には、料理教室に通い、趣味でアクセサリーを作っていることなど、家庭的で器用な部分をアピールしている。実際に会いもせずに断られる理由が分からず、困惑してしまう。

理想は少し年上で離婚歴がなく、会話が楽しく、たばこを吸わない人。専業主婦になって、子どもも欲しいので、収入が安定している人がいい。とはいえ、「家事手伝い」で会社勤めではないため、普段の生活で異性との出会いはなく、好きな人もいない。だから、おっとりした自分に代わって熱心に代理婚活をしてくれる両親には感謝している。

普段は結婚についてプレッシャーをかけてくることなどほとんどない母から、「あなたの年齢のとき、お母さんは子育てのまっただ中だったんだからね」と言われたとき、「お母さんはお母さん、私は私でしょう」と少し強い口調で返した。

「耳障《みみざわ》りなことを言われると反発してしまうのは、親の希望に応えられていないのが分かっているから」

＊

良枝さんたちの「親心」を過保護と捉える人もいるかもしれない。最初は私にも、先回りして夏休みの宿題を全部解いてあげる親のように見えた。だとしても、思いつく限りのところに頭を下げてお見合いをお願いしている姿は、娘の将来を心から案じてのことだ。１年後に再び取材をしたとき、芽衣さんは代理婚活についてあまり多くを語りたがらなかった。

「うまくいっていないのかな」という予感は的中した。

あきらめきれない子の結婚

２０１７年9月、良枝さんたちは久しぶりに親子４人のお見合いにこぎつけた。母親と現れた40代の男性は公務員で、良枝さんは「話上手でいい人」と好印象を抱いた。しかし２回目の誘いはなかった。

仲人団体にも入会しているが、30代後半の芽衣さんに紹介されるのは50~60代の男性ばかり。一度だけ芽衣さんに身上書を見せると、「私は道具じゃない」と拒絶された。年齢が離れた相手の介護を条件に結婚させられると感じたのかもしれないと反省し、無理強《じ》いするのはやめた。今は身上書が届いても、芽衣さんには見せずに返却している。

良枝さんの周辺では近頃、病気で他界する親戚や友人が増えている。

「私たちも残された時間は少ない。早く見つけてあげなくちゃ」

焦りは募るばかりだ。夫の充さんと相談し、手先が器用でアクセサリー作りが趣味の芽衣さんが通う習い事の教室を探し始めた。ずっと自宅にいるよりも、外に目を向けた方が出会いはあるのではないか――。わずかな望みだとしてもすがりたい。そんな親心を知ってか知らずか、芽衣さんは最近、結婚やお見合いの話をするだけで「また始まった」「もういいわ」と露骨に嫌な顔をするようになった。

親に従っていた20代の頃に比べ、自己主張が強くなったと感じる。

若いうちに結婚させてあげられなかった後悔はあるが、あきらめることはできない。自分たちが先に死んだら、経済的にも精神的にも独立していない娘が毎日泣いて暮らすのは目に見えている。

「子どもの人生の道筋を付けるのも親の仕事だから」

そう考えている。

「お母さん、結婚しない人はいっぱいいるんだよ」

次に登場する早紀子さん（72歳・仮名）も印象深かった。

穏やかで家族思い。取材で自宅にうかがうと、朝からデパートに行き、地元の銘菓を用意してくれた。優しい義理のお母さんになりそうな人だ。しかし、息子への深い愛情が、裏目に出たようだった。

「うちの子に限って」「結婚してこそ一人前」——。早紀子さんがふと漏らす言葉は、親心の本質を突くものだった。

*

「ただいま」

「ゆきちゃん、おかえり」

北関東に住む早紀子さんは、お盆休みに帰省した次男の行雄さん（43歳・仮名）の姿に、久しぶりに会えたうれしさの反面、寂しい気持ちになった。

「夏休みに恋人と旅行する予定はないのね」

行雄さんは首都圏の工場で部品管理の仕事をしている。優しくおとなしい性格で、お酒も苦手。女性と巡り会う機会はないように見えた。本人に尋ねるといつも「彼女はいないよ」

という答えが返ってきた。

　そんな息子のために5年前、最初に「代理婚活」の交流会に参加したのは夫の晃一さん（仮名）だった。晃一さんは周囲の人に紹介話を頼み、習い事の英会話教室でも独身女性を見つけると、「今度、息子とお茶でもどう？」と声をかけていた。しかし、体調を崩した晃一さんは２０１６年１月、73歳でこの世を去った。

　早紀子さんは「自分たちが歩んできたように、伴侶と支え合う幸せな人生を歩ませたい」と、晃一さんの遺志を継ぐように熱心に息子の結婚相手を探すようになった。親戚、友人、夫の職場……。思い付いたところには全て声をかけた。

　行雄さんに自分から進んで婚活をしている様子はなかった。どのくらい結婚願望があるのかは分からないが、両親が持ってきた見合い話を断ったことはない。

　一度だけ「お母さん、結婚しない人はいっぱいいるんだよ」と言われたことがあるくらいだ。

頭をよぎる「結婚してこそ一人前」

　行雄さんが恋人を連れて自宅に来たのは２０１６年5月のことだ。早紀子さんが知人に頼み紹介してもらった30代の女性だった。早紀子さんは息子の彼女に失礼がないように、事前に何度も一人で会話のリハーサルをして臨んだ。

実際に対面した二人は、はにかみながら見つめ合い、とても仲むつまじい様子だった。早紀子さんはうれしくなって、その日のうちに「ゆきちゃんの結婚が決まったかも」と親戚中に電話をかけた。しかし、数日後、女性から行雄さんに「もう交際できない」と連絡がきた。

理由は分からない。行雄さんは「お母さんのせいじゃないよ」とかばってくれたが、気を遣ったつもりでも無言のプレッシャーを与えたかもしれないと自分を責めた。

「結婚はみんな順番にしていくものだと思っていた」とため息をつく早紀子さん。親は黙っていた方が本人がいい縁を見つけられる、と考えを改めようとしたが心配でたまらない。古い考え方だと分かっているが「結婚してこそ一人前」という言葉が頭をよぎる。

親思いで周囲にも気配りができる息子が、社会から「半人前」「変わり者」と後ろ指をさされるのは胸が痛む。

結婚さえしてくれれば、相手の女性には同居や墓の世話などは求めないつもりだ。当人同士が幸せならば、子どもがいない人生を選んでもいいとも思っている。早紀子さんは仏壇の前に立ち、晃一さんにその日の出来事を報告するのを日課にしている。

「ようやくゆきちゃんにいい人が見つかったよ」と報告できる日を夢見ている。

コロナ禍と代理婚活

新型コロナウイルスの感染拡大で、良縁の会は２０２０年３月から代理婚活の交流会を中止している。参加者は重症化の危険性が高い65歳以上の高齢者が多く、対面での交流会は三密（密閉、密集、密接）が避けられない。安心・安全が確保できないという判断からだ。

そこで、６月から在宅のまま身上書の交換を取り次ぐ「在宅型」の交流会を始めた。対面型のイベントと同じように、事前に配られる参加者の子どもの職業、学歴、身長と体重などが書かれたリストから、事務局に身上書を交換したい相手を10人まで伝える。各参加者に交換の申し入れがあった人の一覧表が送られ、交換ＯＫとなった場合は身上書が郵送されるシステムだ。お互いが気に入った場合は、お見合いに発展する。２０２０年10月現在、首都圏、東海地方、西日本で計４回開催。首都圏では予想を遥かに上回る２３１人が参加したという。娘の結婚相手を探す良枝さんも参加し、「こういう時期で外に出るのが怖いから、自宅で婚活を進められるのはとってもありがたい」と喜んでいた。

これまで、年齢や学歴、職業などで苦戦してきた人が、在宅型の交流会ではお見合いにつ

ながっているという。石丸さんは、

「イベントは時間内に会話ができるお相手が限られるので、どうしてもシビアに条件で選びがちです。一方、在宅交流会は10人まで身上書を交換する人を選べるし、家族で身上書を見ながらゆっくりと考える時間もあります。余裕が生まれることで『せっかくならご縁をつないでみよう』という気持ちになるのではないでしょうか」

と解説する。

これまでうまくいっていなかった50代の女性がお見合いにこぎ着けたという報告もあった。コロナと共存していく中で、婚活のやり方だけでなく、親の意識も変わりつつあるのかもしれない。

婚活サポーターで子の気持ちを知る

「代理婚活」について新聞連載で取り上げたところ、さまざまな世代から、手紙やメールが届いた。なぜか一番多かったのは取材班宛てに、「うちの息子（娘）に誰かいい人を紹介してくれませんか」という独身の子を持つ親からのお願いの手紙だった。中には、人生相談のような内容も。「うちの息子は京都大を出て、きちんとした企業で働いている。性格も優しいのになぜ結婚できないのか分からない。理由を調べてほしい」と達筆な文字で書かれたファクスをいただいたときはどうしたものかと考えこんでしまった。

「信頼できる業者を教えてほしい」というお願いもあった。最近は、婚活を巡る詐欺などもニュースになっている。通信社＝マスコミのお墨付きを得たところで子どもの結婚相手を見つけたいという親心がなんとなく見えた。

20～40代の子ども世代からは予想通り批判が多かったが、一方で「つらい婚活を親がやってくれてうらやましい」「親の心子知らず」などと子どもや親への素直な思いを打ち明けてくれる人もいた。手紙をくれた人にも話を聞こうと私は電話をかけた。

＊

西日本の人口5万人ほどの街に住む修三さん（75歳・仮名）は、同い年の妻と二人暮らし。東京に暮らす独身の長男の紀久さん（46歳・仮名）は高校を卒業後、大手企業で技術職として働いている。修三さんの住む集落は農家が中心で、近所には子どもや孫と3世代同居をする家族が多い。修三さんの長女（42歳）は15年ほど前に結婚して、小学生の孫が2人いるが、新幹線で3時間かかる距離に住んでいるため、正月やお盆しか会うことができない。

「寄り合いで同年代の友人たちが『孫の運動会に行ってきた』なんて話で盛り上がっているのを見るとうらやましい。自宅に戻るとなんともいえない寂しい気持ちになる」

内孫が欲しいという気持ちが募《つの》る。

紀久さんは口数が少なく、結婚しない理由は分からない。すでに東京に購入したマンションは、一人で生きていくという意思表示なのか、結婚に向けた下準備なのか――。実は、紀久さんは幼い頃から消化器系の持病を抱えていて、本人は言わないが、それが結婚の障害になっているのではないかという心配もある。

むやみに結婚のプレッシャーを与えるのはよくないと考えた修三さんは、数年前、ある行動に出た。地元の自治体の「婚活サポーター」に応募したのだ。もちろん、仲人やおせっかいさんの経験はゼロ。「いい年になっても結婚しない息子の気持ちを理解したい」という一心だった。

修三さんが20~40代向けの婚活イベントに補助役として参加したときのこと、おとなしそうな男性たちが会場の壁際でもじもじしていた。見るに見かねて「どうしたんだ」と声をかけると「女性と話したことがないので、どうやって声をかけていいか分からない」という返事が返ってきた。思い返せば、修三さんも若い頃は寡黙で異性と話すのが苦手だった。それでも、親戚が持ってきた縁談で出会った現在の妻と、数回食事をしただけで何の疑問も抱かずに結婚を決めた。しかし今は、親戚や会社を通じたお見合いはほとんどなくなってしまった。「息子のように都会暮らしの奥手な男は、誰かがおせっかいをしないと取り残されてしまう」と痛感した。

修三さんは、記事で「代理婚活」の存在を知り、参加しようと考えている。「お嫁さんは40歳過ぎでもいい。今は50歳くらいまで子どもを産めると聞いたから」と屈託なく笑った。

息子がなぜ結婚しないのか理解するために、わざわざ「婚活サポーター」になる。そんな修三さんの行動力には頭が下がった。しかも、「昔と比べると縁談が減った」という自分なりの答えにたどり着いているのだ。内孫が欲しい、というのも素直な気持ちなのだろう。

自分の価値観を押しつけるだけでなく、子どものことを知ろうとする親心が息子さんに伝わり、腹を割って話せば何かを得られるように思う。たとえ、修三さんの求めている答えでなかったとしても。

共依存の母子

次に、親が代理婚活をしている30代後半の女性の話だ。実は、私は彼女と十年来の知り合いである。なんでもそつなくこなすキャリアウーマンで、派手さはないが、気さくな面もあって、決してモテないタイプではない。今回、連載に自分を重ね、連絡をくれた。インタビュー取材を通じて、長い間、両親、特に母親との関係に悩んでいることを知った。過去の出来事を語るときは涙を流していた。

＊

「親が断られるなら、私は傷つかないで済む」

母親が代理婚活をしているという都内在住の美帆さん（39歳・仮名）は、率直な気持ちを吐《と》露《ろ》した。

父親は大手銀行に勤め、母親は専業主婦。一人っ子で、小学校から高校まで私立の「お嬢様学校」に通い、有名私立大学を卒業後、総合職で大手食品会社に入った。

「もともと真面目で引っ込み思案な性格だから、親の期待に応えることを優先して生きてきたの」

と振り返る。母親は地方議員の長女。就職のために上京し、父とのお見合い結婚を機に専業主婦になった。「頑張れば幸せになれる」と「あなたの人生のためよ」が母親の口癖だったという。美帆さんは母親が進学や就職に口出しするのは当たり前だと思っていた。大学は母親の憧れだった慶應義塾大学を第一志望にして、見事合格。日本を代表するＩＴ企業から内定をもらったときも、母の「もっと安定した会社がいいわ」という助言で断りを入れた。思い返せば、人生の大きな決断はいつも母の顔色をうかがっていた。

食品会社での業務成績は同期の中でもトップクラスだった。その分、残業や休日出勤は当たり前、プライベートを犠牲にして働いていた。20代の頃に交際した男性とは、すれ違いが原因で自然消滅した。33歳のとき、突然、両親が「この年になって独身で親と同居なんてみっともない。仕事ばかりしていないで早く結婚しなさい」と言い出した。仕事を評価してくれていた両親の思いがけない言葉に動揺した美帆さんは、すぐに約30万円を支払って結婚相談所に登録した。

しかし、恋愛経験が少ないせいか、お見合いでの会話は盛り上がらない。両親に反対されないために家庭環境を確認しようと、初対面で「親御さんはどちらの会社にお勤めでしたか」と尋ねたら、露骨に嫌な顔をされた。

「勉強は頑張れば正解が分かるけど、婚活には答えがない。やればやるほど『お前は欠陥人間だ』と否定されたような気持ちになった」

３年間、土日のどちらかを婚活にあてるというノルマを自分に課したが、成果は挙がらず、心身ともに疲弊していった。ある日、十円玉の大きさの円形脱毛症を見つけたとき「もうやめよう」と踏ん切りがついた。

美帆さんと入れ替わるように、母親が熱心に代理婚活の交流会に参加するようになった。しかし、母が気に入るのは、「最終学歴が早慶以上」「年収１０００万円」「医者」「総合商社勤務」など、あからさまにスペックが高い男性ばかり。婚活を３年間続けてきた美帆さんには「高望みしすぎて絶対に自分とはマッチングしない」と分かるが、後ろめたさから口出しはしないでいる。実際、これまで何度も断りの連絡がきているようだった。

美帆さんは「みっともない」という言葉を浴びてから、母親の行動が親心ではなく自己保身なのではと疑うようになった。美帆さんに対しては結婚しないことをなじる母親が、法事の席で親戚に「相手はいるんだけど、キャリアを大切にしたいから、理解できる人かを見定めているんですって」と嘘の説明をしているのを聞き、やはりと確信した。ただ、老いを見せ始めた両親を落胆させたくない、という気持ちとも葛藤している。

好きに生きていいよ、と言ってくれたら楽になれるのに――。

そう言って、美帆さんは声を震《ふる》わせた。

幸せになるのを妨害する親

実は、私の周囲には、美帆さんのように母親との関係に悩む女性が複数いる。高学歴のキャリアウーマンに多いのが特徴だ。

国家公務員の40代半ばの麻耶さん（仮名）は、一人っ子で母親と二人で買い物や海外旅行によく出かけるほど仲良しだ。

恋愛についても、全て母に相談してきた。約10年前、友人の紹介で知り合った交際相手からプロポーズされたものの、断った。交際中に両親に会わせた後、相手の職業や学歴を聞いた母が「凡人すぎる」「容姿がいまいち」と批判したからだ。

数年前、麻耶さんは母が喜ぶ国家公務員と結婚。幸せに暮らしているのかと思いきや、母がたびたび新婚宅に泊まったり、夫の実家に一緒に帰省するのを嫌がったりするようになった。夫からは「子離れできていない」と批判されて仲が少しずつ悪くなり、子どももいない。

「幸せになるのを妨害されているのは分かっている。でも、母を悪者にすることはできないから」

とうつむくばかりだ。

いずれのケースも、母は娘の人生を自分の思い通りにしようとし、娘は親を失望させることに強い罪悪感と恐怖心を抱いている。両者はお互いに切っても切れない「共依存」の関係のようにも見えた。美帆さんが、母親の見つけた相手と結婚したら、家族計画や親の介護など、過干渉でまた苦しめられるのではないかと心配してしまう。なんとか時間をかけても苦しみから解放されてほしいと願っている。

このように「代理婚活」といっても、親心は十人十色だった。個人的には、結婚という大事な選択を親に任せてしまってよいのだろうかという疑問はぬぐえない。私が書いた代理婚活の記事はツイッターなどで瞬《またた》く間に拡散された。ツイッターのコメントは「世も末だ」「子どもは親の所有物ではない」「自分の介護担当を探しているだけでは」などと批判の声が多かった。若い世代のこうした反応は予想通りだった。そして代理婚活と名前を変えただけで、中身は昔のお見合いのシステムと同じだという指摘も寄せられた。

子心も十人十色であり、他人が全否定することはできない。実際に代理婚活で母親が見つけてきた相手と結婚した女性は、「親の反対がない安心感もあって、話が早く進んだ」「仲のいい家族を作るという夢を母のおかげでかなえられた」と話してもいた。

親も子どもも納得しているなら、お見合いと同様に効率的でいい選択なのかもしれない。

炎上する昭和の価値観

「婚難の中で」を連載したのは平成も終わろうとするときだった。

しかし、30年以上昔の昭和の古い価値観は、今も若者たちを苦しめ続けている。親たちも自分たちが経験した価値観に縛られていると感じた。それは政治の世界も同じ。結婚や出産を巡り、政治家の問題発言は何度も繰り返されてきた。

連載中、最も鮮明に覚えているのが２０１８年6月の自民党の二階俊博幹事長の、

「この頃、子どもを産まない方が幸せじゃないかと勝手なことを考える人がいる」

「皆が幸せになるためには子どもをたくさん産んで、国も栄えていく」

という発言だ。この発言を知ったときは、戦時中の発言かと耳を疑った。子どもを産まない（産めない）人にはさまざまな事情がある。そもそも結婚も出産も個人の自由であるし、

収入や年齢などの理由で出産したくてもできない人もいる。そうした人たちの声に耳を傾けるのが政治家の役割ではないか。

　これが与党三役の発言かと思うと、頭がくらくらした。

　令和に入ってからも同じような発言が続いた。２０１９年5月には、「失言のデパート」と呼ばれた自民党の桜田義孝五輪相（当時）が、千葉市で開かれたパーティーで少子化問題に言及し、

「お子さんやお孫さんにぜひ、子どもを最低3人くらい産むようにお願いしてもらいたい」

と来場者に呼びかけて批判を浴びた。その会合では「最近は結婚しなくていいという女性がみるみる増えちゃった」とも語った。いかに「結婚しない＝絶対悪」という考え方が通底しているのかよく分かる。政治家というよりも、まるでひさしぶりに法事や結婚式で会う、心ない親戚のおじさんのようだ。

　過去には２００３年に当時の森喜朗首相が、「子どもを一人も作らない女性が好き勝手、自由を謳歌《おうか》して、年を取って、税金で面倒をみなさいというのは、本当はおかしい」と発言。２００７年には、柳沢伯夫《はくお》厚生労働相（当時）が「女性は産む機械」と発言し、大問題に発展した。

男性だけではない。２０１７年には山東《さんとう》昭子《あきこ》参院議員が「４人以上産んだ女性を厚生労働省で表彰することを検討してはどうか」と述べた。そもそも、子どもを国家のために産むという発想そのものが時代錯誤も甚《はなはだ》しいものだ。

これらの問題発言を口にした政治家の多くが、60～70代、つまり代理婚活に熱心な30～40代の親世代。「女性は結婚して子どもを産むのが当たり前」という価値観の中にどっぷり生きてきた人が多い。時代の流れを理解しようとせず、結婚しない人生を簡単に否定する。

当人としては失言というより、本音に近いのかもしれない。古い価値観を持つ人たちは少子化の責任を女性だけに押しつけようとする。そして、たくさんの女性たちがプレッシャーに押しつぶされそうになっている。それこそ本物の地獄絵図ではないだろうか。

政治の世界の認識が変わらない限り、少子化に歯止めはかからないだろう。取材をしていると、政党や性別を問わず、若手議員を中心に、少子化問題に関心が高かったり、性的少数者を含め多様性のある社会への理解が深かったりする人に出会うこともある。若い世代の有権者が投票に行き、どういう考えの議員なのかをしっかりと見極めることが、政治を変えていく一歩となるだろう。

＊

第4章は、日本において結婚とセットで論じられることが多い「出産」がテーマ。井上詞子記者が、卵子凍結や選択的シングルマザーなど、旧来の価値観や方法にとらわれず、子どもを授《さず》かろうと奮闘する女性たちを取材した。

昔よりはあからさまではなくなったとはいえ、結婚と妊娠を同時に発表した芸能人が「順番が違う」と批判されるような今の社会で、こうした女性たちへの世間の理解が進んでいるとはいえないだろう。将来的に、家族や夫婦、カップルの形が多様化していく中で、選択肢としてもっと浸透してもよいのではないだろうか。

「母になりたい」という女性たちの切実な思いにぜひ触れてほしい。

第4章

母になりたい

文・井上　詞子

新たな選択肢

日本では、未婚化と少子化はほとんど同義語だ。

「子どもが欲しいけど結婚相手がいないから産めない」という女性の声をよく聞く。結婚して「人並み」の収入がある家庭を築き、準備が整った上でようやく出産が許される――。

少しずつ多様性が認められるようになってきたとはいえ、新しい命を育てることへの責任感から、出産に対して未だ厳格な価値観を持つ人は多い。未婚出産には「自己責任」の言葉がついて回り、人々は他人の妊娠と結婚の前後関係をあげつらう。女性芸能人が結婚の際に「妊娠はしておりません」と弁明するのが慣習化している。

一方で出産には年齢的な限界がある。日進月歩の生殖医療をもってしても超えられない壁だ。最近は男性不妊も注目されてきたが、少し前までは不妊はほとんどが女性の問題と捉えられてきた。20代、30代の女性ほどシビアに結婚を急ぐのにはそんな背景がある。もっとも、しようと思って結婚できるなら未婚社会にはなっていないのである。かつては結婚できないなら出産をあきらめるか、消極的選択の結果として「未婚の母」となるぐらいしか選択肢がなかっただろう。

だが今は医療技術の発達や女性の社会進出により、きたるべきときに備えて卵子を凍結保存したり、ポジティブに未婚のまま出産、子育てをしたりと、新たな選択肢が生まれている。妊娠・出産に関することについては保守的な考えが根強い日本ではまだ少数派で、世間からは奇異に見られることもあるだろう。だが、そういった選択肢があることを知ったとき、私（井上）はまず驚き、次いで「どんな人がどんな思いでそれを選ぶのだろう」と話を聞きたくなった。

新しいことや、一風変わったことに関心を示す人は多いが、自分で実行する人は少ない。この第４章では、希望をつかみとるために一歩を踏み出した女性たちを紹介したい。

卵子凍結

卵子にも「妊娠適齢期」がある――。

私が出産期限を意識するきっかけになったのは、２０１２年6月に放送されたＮＨＫの番組だった。支局で宿直勤務をしていた私は、ほぼ24時間つけっぱなしのテレビから流れてきたアナウンスに耳を奪われた。

「卵子の老化」。卵子も加齢とともに老化し、女性は35歳以上になると、体が健康であるかどうかにかかわらず妊娠の可能性が顕著に下がるというのだ。当時私は30歳だったが、出産に期限があるなど考えたこともなかった。40歳を過ぎた有名人の妊娠や出産がニュースで流れ、なんとなく出産可能年齢も上がっているようなイメージを持っている人は多かったと思う。

そんな根拠もないふわふわした気分に冷《ひ》や水《みず》を浴びせ、目を覚まさせる内容の番組だった。私自身も明確な期限を突きつけられた気分だったし、世間でもそれをきっかけに「女性の出産は35歳がリミット」という意識が広がった。

そんな中で耳にしたのが「卵子凍結」という強烈な言葉だった。

その名の通り、卵子を人工的に採取して凍結保存する技術だ。未婚女性に関してはがん治療などで生殖機能が低下する場合の緊急避難的手法として始まったが、報道などの影響で数年前から「卵子の老化」が認識されるようになり、健康な女性も将来に備えて利用し始めている。フェイスブックやアップルといった米国の大企業が従業員の費用負担をするというニュースも注目を集めた。

「これで出産期限の問題が解決するのでは」

「少子化の画期的な解決策になるんじゃないか」

取材前の私は浅はかにもそう考え、未婚社会の象徴的な事象として連載のテーマに選んだのだった。

時が止まった

最初に話を聞いたのは実際に卵子を凍結した、大阪府在住の森田久美さん（40歳・仮名）。産婦人科が主催した無料相談会で出会った。説明会の時点で卵子凍結の意思を固めつつあった彼女は、ほどなく施術に挑んだ。

＊

２０１６年12月25日、世間がクリスマスムードに染まる日曜日の夜。当時39歳だった久美さんは大阪市の産婦人科に向かっていた。久美さんは独身である。卵子を凍結保存するための手術を２日後に控え、排卵を促す注射を打ちに行く。注射は連続８日目。薬の影響で卵巣が腫《は》れ、スカートがきつい。

こんな日に何してんのやろ。

涙がにじんだ。

久美さんが卵子凍結を知ったのは38歳のとき。その２年ほど前に結婚相談所に入会したが、出会いに恵まれず焦りを感じた。

「親を喜ばせたい。子どもを産まないと」

30代半ばで突如生まれた使命感は、日増しに強くなっていた。

こんな方法で子どもが産めるのだろうか――。正直、信じられない。それでも生理のたびに「また卵子が減った」と焦る日々に耐えられなくなっていた。

「ちょっとは楽になれるかも」

40歳を目前に思い切った。

迎えた12月27日。手術室では「もう通院しなくていい」という解放感と不安、奇妙な恥ずかしさが入り交じり、複雑な感情がこみ上げた。麻酔を打たれ約15分で手術は終了。その日のうちに帰宅した。

採取できた卵子は12個。液体窒素で満たされたタンクに入れて保管する。期限は２年と決めた。保険が適用されないため手術費と保管料などを合わせて約60万円かかったが、気持ちは少し楽になった。

「自分は年を取るけど、卵子12個は時が止まった」

安心感を得た一方、予想外だったこともある。手術前の連日の通院と注射の大変さだ。身体的にも時間的にも負担が大きかった。

「結婚相手を探すことに労力を使う方がいい。後悔はないけど、もういいかな」

そう思った。

産婦人科にはさまざまな女性が訪れる。久美さんが施術後に寝ていると、近くのベッドで病院スタッフが患者に「旦那さんと相談してもらって」と話している声が聞こえ、「私は一人で何をしているんだろう」と悲しくなったという。

久美さんは華やかな美人で人当たりもいい。そんな彼女が年齢を重ねることに眠れないほどのプレッシャーを感じ、「卵子の時間は止まった」とほっとしたように語る様子に私は衝撃を受けた。痛切なあの一言は、今も脳裏に焼き付いている。

一方で久美さんは、投薬や通院の大変さから「さらに卵子を凍結するつもりはない。それをやる間に、パートナー探しを一生懸命やった方がいい」とも話してくれた。

安心は得られるが、本当の問題解決にはなっていない——。そんな複雑な心情がひしひしと伝わってきた。

年齢の壁

卵子凍結への期待は大きく、２０１７年の取材当時、大阪市の「オーク住吉産婦人科」が開催する無料相談会は毎回ほぼ満員の盛況ぶりだった。先に述べたように、海外の企業では従業員の卵子凍結費用を助成するなど、画期的な先進技術として注目され始めていた。

しかし、実は卵子凍結にも年齢の壁があることはあまり知られていない。

２０１７年に取材で出会った佐藤栞《しおり》さん（46歳・仮名）は、年齢の問題に悩みながら施術を受けていた。栞さんは関西地方に住む会社員で、静かで上品な雰囲気の女性だ。時折言葉を選びつつ、揺れる気持ちを話してくれた。

＊

２０１７年１月、栞さんは定時で仕事を切り上げ、かかりつけの産婦人科に向かった。

電車を乗り継いで約１時間。自宅と方向が違うこの場所に月１回通う生活を、もう２年以上続けている。いつか結婚したときに備えて卵子を保存するためだ。

栞さんが初めて採卵手術を受けたのは２０１５年の春だった。注射を打って強制的に排卵数を増やすのではなく、より自然に排卵を促す方法を選び、このとき採取したのは2個。体の負担を考えて間隔を空けながら繰り返し、現在は10個の卵子を保存している。

２０１２年のテレビ番組で卵子凍結を知った。芸能人が高齢出産するニュースを見て漠然と「40代でも産める」と信じていた栞さんにとって、卵子の老化は衝撃だった。新しい技術への不安からなかなか踏み出せなかったが、年齢が迷いを断ち切った。もう40代も半ばに差し掛かる。母親は心配したが「それでもやりたい」と決断した。

約2年の間に４００万円近くを費《つい》やしたが、その価値はあると信じている。

「何もしなければ卵子は老化する一方。少しでも若い状態で保存することで、やれるだけのことはやったと思える」

40代の卵子凍結については賛否が分かれる。

高齢での妊娠・出産は流産や染色体異常のリスクが高まり、母体への負担も大きい。日本生殖医学会は健康な女性の卵子凍結について「40歳以上の採卵、45歳以上の凍結卵子の使用は推奨しない」との見解を示している。

国の定めはなく、年齢制限は医療機関ごとの判断だ。40代でも卵子凍結を実施しているオーク住吉産婦人科の船曳美也子医師は、受け入れる理由として「個人差の大きさ」を挙げる。

「生殖機能は閉経の約10年前から低下するが、30代で閉経する人もいれば50歳を過ぎても閉経しない人もいる。40代でも妊娠するケースはある」

ただし、年齢を重ねるほど妊娠の可能性が低くなるのは確かだ。

栞さんも葛藤している。いつまで採卵を続けるのか、卵子の保管期限をどうするのか。

「体の負担や危険を考えると年齢を制限するのも理解できる。もっと早く知っていれば……」

後悔しても時間は巻き戻せない。だから、自分にとっての最善を尽くすだけだ。

*

私はこの栞さんのケースを記事にするべきか悩んだ。新たな生殖技術には賛否両論が起きるのが常だ。今は不妊治療の一環として受け入れられている人工授精も、最初は「試験管ベイビー」と揶揄《やゆ》された。医学会が推奨していない年齢での卵子凍結を批判する人は当然いるだろう。しかも現代のネット社会では一度火がつくと苛烈な批判が繰り返される傾向がある。

栞さん自身も記事として世に出すことに不安を抱えていた。

だが一方で私は、卵子凍結が万能薬ではないことを伝えるべきだし、避妊ばかり教えて出産リミットの可能性を教えてこなかった日本の性教育について問題提起する事例でもあると感じた（著名人の高齢出産ばかり喧伝してきたマスメディアの責任も重い）。結局、栞さんの許可を得て記事化した。当初恐れていたような批判がなかったのは幸いだったが、全額自己負担の自由診療であるにもかかわらず、当事者が批判にさらされる危険が生じるのは、このテーマならではかもしれない。

昨今は「セクシュアル・リプロダクティブ・ヘルス／ライツ（性と生殖に関する健康と権利）」という概念が先進国を中心に広まりつつある。誰でも自分の体に関することを自分で決める権利があるという考え方で、たとえば子どもを産むかどうか、産むならいつ、何人産むかなどを自分自身で決定することができるというものだ。

だが命を巡る問題であるだけに、「個人の自由」で済まされないと考える人もいる。生殖医療には、自由と保護のバランスという、極めて繊細な問題がつきまとう。

自治体も期待

卵子凍結に少子化対策の光明を見いだした自治体がある。千葉県浦安市だ。

２０１５年、浦安市が少子化対策の一環で打ち出した取り組みが世間を驚かせた。市が順天堂大浦安病院に補助金を交付し、市内に住む健康な女性の卵子凍結を研究してもらうというものだ。健康な女性の卵子凍結を行政が支援するのは世界的に珍しく、国内外から取材が殺到した。

補助は２０１５〜17年度の３年間で最大９０００万円。病院は本来なら約40万円かかる費用を免除しており、17年２月の取材時までに約20人の女性が凍結を実施していた。

浦安市の取り組みには特徴がある。研究対象者の年齢を34歳までに限定した。年齢制限を提案した同病院の菊地盤専任准教授（当時）は「年齢を区切ることで、若いうちの行動を意識してほしかった」と狙いを語る。

厳しく線引きした背景には、妊娠と年齢の相関関係を軽視しがちな風潮への危機感がある。菊地さんが「日本は世界一の体外受精大国」と言うように、不妊で悩む人は増え続けている。問題は不妊治療を受ける女性の年齢のピークが40歳を過ぎていることだ。

35歳以上の出産はリスクが高い「高齢出産」とされる。日本産科婦人科学会の２０１４年のデータによると、体外受精は34歳以下なら約２割が成功するが、40歳以上では１割に満たない。不妊治療と卵子凍結に40代が殺到する現状に歯がゆい思いを抱える菊地さんは、

「学校の性教育は避妊ばかりで、卵子の老化や不妊については教えてこなかった」と、日本の妊娠適齢期に関する意識の低さを指摘する。

知らずに年齢を重ねた女性たちが生殖医療に頼ることは誰も責められないことだが、若くない卵子を凍結しても効果は低い。「なるべく早い方がいい」というメッセージを込め、年齢制限を設けたのだという。

出産のタイムリミットに気づいていても適齢期に産めるとは限らない。立場が不安定で賃金も低い非正規雇用の若者の増加や長時間労働などの影響で、晩婚化や晩産化は進む一方だ。

浦安市の取り組みでも、卵子凍結を希望して説明会に参加した女性の３分の１が、仕事を理由に通院をあきらめる。

「それこそが日本の問題。若いうちに産めるよう、社会全体で考える必要がある」

子どもを望む女性と日々向き合う菊地さんは、そう痛感している。

*

浦安市の助成制度は予定通り２０１７年度で終了した。菊地さんによると３年間で34人の女性が卵子を凍結し、数人が凍結卵子を利用して妊娠に挑んでいるという。取材当時、私は35歳。「34歳まで」という助成の線引きを当然のことと受け止めながらも、これまでにないほど年齢の重みを感じた取材だった。

そんな中で、若い女性たちが仕事を理由に通院をあきらめるという。現在は限られた職種を除き、女性が結婚や妊娠を我慢しなければならないような仕事は減っているだろう。それでも女性たちが通院をあきらめるのは人手不足や長時間労働といった職場の事情だろうか。30代前半までだと、仕事におもしろさを感じ始めたところかもしれない。ただ今はコロナ禍で働き方や価値観が変わる節目に差し掛かっている。在宅勤務で時間の融通が利《き》くようになったためか、卵子凍結をする人が増えているというクリニックもある。少しでも柔軟な方に向かってほしい。

選択的シングルマザー

子どもが欲しいが結婚の予定がない場合、結婚せずに産むという選択肢もある。日本では「未婚の母」というと「事情があって結婚できなかったから仕方なく」というイメージが強いと思う。だが世界では、欧米のように婚外子にそれほど否定的でない地域もある。日本でも最近は女性が自立して結婚を急ぐ必要がなくなり、「無理に結婚はしたくないが子どもは欲しい」という声も聞かれる。実際にそういう道を選んだ人が増えているのではないかと思い何気なく調べてみたところ、米国の女性が１９８０年代から「選択的シングルマザー」と名付け、そのような生き方を提唱していた。さらに日本でも当事者同士がつながるネットワークが存在することを知り、取材を決めた。

結婚にとらわれず自らの意思で妊娠、出産した女性たち。その意思決定には、それぞれが持つ家族観が強く影響していた——。

「制度」はいらない

２０１８年、最初に話を聞いたのは会社経営者の藤波塔子さん（48歳・仮名）。バリバリ働きながら一人娘を育てており、意志の強いキャリアウーマンといった雰囲気の中に母親らしい柔らかさが覗《のぞ》く。運命の人と出会って出産を決意したが、互いに多忙で生活スタイルが合わず、結婚せずに産むという方法を選んだという。

＊

東京都で会社を経営する塔子さんは２００７年2月、一人娘を出産した。当時交際していた島田哲さん（仮名）と話し合った末、結婚せずに子をもうけることを選んだ。

塔子さんの両親は離婚したものの、その後も家族仲が良かった。「家族の絆《きずな》に制度は必要ない」との思いから、結婚願望を抱いたことはない。出産にも興味がなかったが、哲さんと恋に落ちて転機を迎えた。

「本能的に好きになった。この人の遺伝子を残さなくてはと思った」

塔子さんは子どもを欲しがらない哲さんへの説得を始めた。最初は聞く耳を持たなかった哲さんも塔子さんの熱意を受けて考えが変わった。二人で事実婚なども検討したが、仕事や生活といった面で折り合いがつかない。最後は哲さんが根負けし、結婚しないで出産することに同意。事前に子どもの名前などを話し合った。出産から数年後に二人は別れたが、認知や養育費などで、もめることはなかった。

哲さんは仕事で海外にいることが多く、交際中も塔子さんたちと過ごせる時間は限られていた。経営者である塔子さんは、起業して間もないところに育児が重なり大変だった時期もあったが「夫がいれば」と感じたことはない。「結婚していたら家事が増えてもっと大変だったろう」と思う。

娘の綾香さん（11歳・仮名）には幼い頃から、父親は別に住んでいること、世の中にはさまざまな家族構成があることを説明している。今でも綾香さんの誕生日には哲さんからプレゼントが届く。

塔子さんのように、自らの意志で配偶者なしに子どもを産み育てる女性を「選択的シングルマザー」と呼ぶ。先に触れたように、米国で１９８０年代に提唱され始めた概念だ。日本ではまだ認知度が低いが、「女性と子育て研究所」の高田真里代表らが立ち上げた選択的シングルマザーの研究交流会「ＳＭＣネット」には、最近問い合わせが急増している。

同会が２０１８年３月に行った交流会には検討中の女性を含め30〜40代の女性７人が参加。恋人との間に子をもうける人が多いものの、海外の精子バンクを利用した人もいる。

高田さんは「現状では子育てをサポートしてくれる人やベビーシッターを雇える経済力が必要で、誰もがこの生き方を選べるわけではない」と前置きしつつ、

「結婚は目的ではなく手段の一つ。自分の人生や仕事の設計図が具体的に思い描けるなら、結婚しなくても産むことはできる」

と話している。

図表2　突出して生活に苦しさを感じる母子世帯

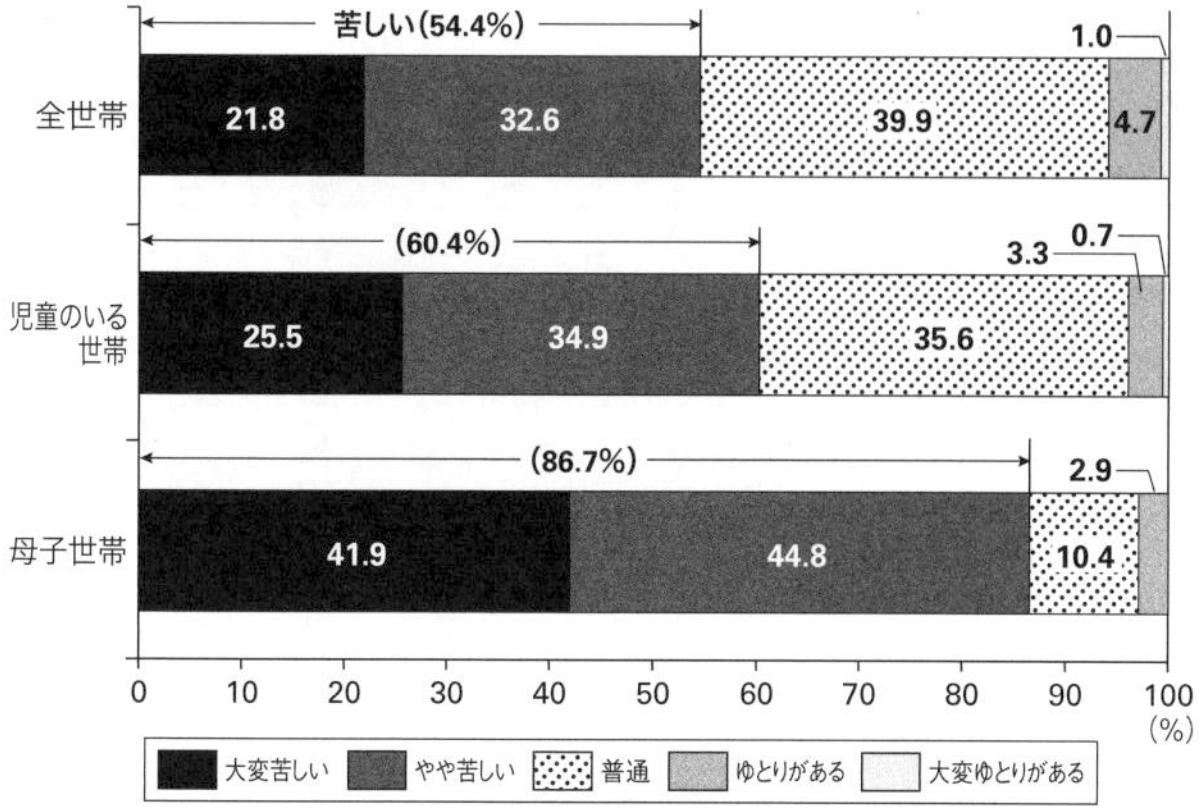

出所）厚生労働省『2019年　国民生活基礎調査の概況』をもとに作成

＊

高田さんによると、新型コロナウイルス感染拡大の中でも継続的に問い合わせやコミュニティへの参加希望があり、参加者が率先してオンライン交流会も開いているそうだ。

塔子さんは自分の選択に自信を持ち、堂々としていた。家庭だけでなく仕事も充実しているからだろう。しっかり子どもを育てられる環境があれば、「一人であっても子どもを産みたい」という女性の声を耳にする。一方、2019年の厚生労働省「国民生活基礎調査」によると、ひとり親世帯の貧困率は48％に達する。特に母子世帯は所得が低い傾向があり、約87%が「生活が苦しい」と感じている（前ページ図表2）。経済的な理由から妊娠・出産をあきらめている人もいるかもしれない。一人で子どもを育てる女性が不自由に陥《おちい》らないよう、働き方や社会の在り方を見直していく必要があると私は感じた。

子どもが欲しくて父親を探すケース

塔子さんのように「好きな人の子どもを産みたい」という人もいるが、「子どもが欲しいから父親になってくれる人を探す」という人もいる。

２０１８年に出会った加藤結子さん（32歳・仮名）は、枠にとらわれずに生きようとしていた。ざっくばらんで人なつこい印象の結子さんは、驚くような出産の経緯をあっけらかんと話してくれた。一方で我が子の寝顔を眺める眼差《まなざ》しは深く、大切なのは過去や過程ではないと感じさせられた。

＊

関西地方に住む結子さんは、２０１７年９月に長女を出産した。

結婚はしていない。29歳で出産を意識し始めてから1年強、子どもを産むためにあらゆる方法を模索した。今は母親や友人の協力を得ながら子育てをしている。

出産願望が芽生《めば》えたとき、結子さんは交際中の男性と同居していた。だが、生活が荒れている男性との結婚は考えられない。

「子どもは育てたいけど問題を抱えている男性の面倒は見られない」

数カ月後に関係を解消し、父親になってくれる男性を探し始めた。

最初は友人の会社員。妊娠・出産を前提に交際を申し込んだ。

「無理です！」

即座に断られた。その後も何人かに声をかけたが、交際前から「妊娠したい」と言うと驚かれてしまう。意気投合した男性と暮らした時期もある。だが結婚観が合わず、うまくいかなかった。それでもなりふり構わず挑み続けた。

結子さんが小山真さん（31歳・仮名）と出会ったのは２０１６年秋。好みのタイプだ。

「この人にしよう」

3回目に会ったときに好意を伝えた。過去の経験から前のめりな言葉を避けつつ、妊娠を望んでいることも説明した。真さんの反応は薄かったが、拒絶もされなかった。

妊娠が判明したのは２０１６年12月下旬。結子さんが妊娠を望んでいることを知っていた両親は喜んだ。真さんには迷惑をかけないと伝えてあったが、妊娠を告げると驚愕して動揺していたことを覚えている。

子どもの性別が判明するなど、出産が現実味を帯びるにつれ、結子さんの期待は膨《ふく》らんだ。夢がかなう瞬間が待ち遠しい。当初は否定的だった真さんも、病院に付き添って結子さんの面倒を見るうちに徐々に態度が軟化。結局、出産にも立ち会うこととなった。

一方で、結子さんの中では結婚への懐疑的な気持ちが強くなっていた。日本では夫婦別姓が認められない。女性が姓を変えることが多いが、自分で気に入っている名前を失いたくない。かといって相手の名前を奪うのも嫌だ。「30年その名で生きてきた人の名前を奪う仕組みはしんどい」と感じた。

病院の待合室で真さんの存在を心強く感じたこともある。だが「結婚したい」とは思わなかった。適度なつきあいのパートナーは必要だが、子どもは友人らの広い輪の中で育てたい。妊娠中に二人で話し合い、結婚はせず真さんが認知する必要もないと決めた。

結子さんはその後、真さんとの間に二人目の子どもをもうけたが、二人は結婚することはなく、別々の人生を歩んでいる。

取材当時、私は真さんにも話を聞いた。さまざまな葛藤や心の変遷《へんせん》があったようだが、結子さんについて「なんだかんだいって感謝している」と口にしたのが印象的だった。二人の間には他人には計り知れない濃密な時間や感情のやりとりがあったのだろう。

型破りな結子さんの生き方は、世間一般からの理解は得にくいかもしれない。だが彼女は彼女なりの筋を通そうとしているように感じた。全力投球という印象だ。彼女はこれからも全力で、オリジナルの家族像を模索し続けるのだろう。

精子バンク

恋人との子どもを産む人ばかりではない。

「選択的シングルマザー」であることを公《おおやけ》にしている漫画家・華京院《かきょういん》レイさんは海外の精子バンクを利用し、一人で妊娠、出産に挑んだ。

＊

海外の精子バンクを利用した出産に注目する女性が増えているという。関東に住む漫画家の華京院レイさん（32歳・ペンネーム）もその一人だ。性的マイノリティーの一種で、男性も女性も恋愛対象にならない「無性愛者」だと自覚している。結婚はしたくないが、どうしても家族が欲しかった。

幼い頃から性別に違和感があった。女の子の遊びに興味が持てない。男の子になりたいわけでもなかった。それだけではない。男女のどちらにも惹かれず、周囲の恋愛話に共感できない。もやもやした気持ちを抱えて悩んだが、20歳を過ぎた頃に「自分は男女どちらにも恋愛感情を抱かない無性愛者だ」と腑《ふ》に落ちた。

同じ頃、転機が訪れた。父親が脳卒中で倒れたのだ。

「家族がいなくなっちゃう。家族が欲しい」

一人っ子のレイさんに強烈な欲求が芽生えた。養子縁組を考えたが、いろいろ調べるうちに独身者は幼い子どもを養子に迎えるのが難しいと知り、「自分で産むしかない」と腹をくくった。

精子バンクの利用以外の方法は思いつかなかった。27歳の頃から情報を集め始め、日本には独身女性が利用できるようなサービスがないことを知った。個人で無償提供している人はいるが不安を感じ、米国の精子バンクの利用を決めた。

バンクのホームページの精子提供者一覧表には、民族や身長、学歴などの個人情報が掲載されている。アジア系を探したが、そのときは該当者がいなかったのであきらめた。病歴がなく、子どもが18歳になったときに連絡が取れる人に絞って探した。

驚いたのは需要の多さだ。

健康で好条件の提供者が現れると即座に売れてしまう。提供者の登録数は多いが売り切れが多く、消去法で選ぶのが精いっぱいだった。「こんな世界があるんだ」と圧倒された。

初挑戦は２０１５年11月。料金は送料も含めると1回当たり約30万円だ。発注すると凍結した精子が自宅に送られてくる。自ら解凍し、シリンダーに移して子宮に運ぶ。

「本当に妊娠するのかな」

半信半疑のまま一人で淡々と「作業」した。失敗したが落胆はなく、翌月に再挑戦。１カ月後に妊娠が判明し、２０１６年秋に出産した。

日本では精子提供に関する法整備が進んでおらず、独身女性は個人ボランティアから提供を受けたり、レイさんのように海外の精子バンクを利用したりしている。

「日本では精子バンクを使いたい人の存在がないものとして無視されている」とレイさんは訴える。国は自分たちのような存在を認め、法整備に動いてほしいと話す。

「家族ができて生活が一変した。今が幸せ」

いずれ父親のことを聞かれたら包み隠さず話そうと思っている。

＊

レイさんは今も愛娘と幸せに暮らす。さらに「将来、娘が自分の出生で悩んだときに、世界で一人だと思って欲しくない」との思いから、海外の精子バンクを使って再び妊娠に挑んでいる。前回同様、子どもが18歳になったときに希望すれば連絡を取れる人を探している。

2018年の取材時は、精子・卵子提供といった第三者が関わる生殖補助医療の法整備がなされておらず、いわば「野放し」の状態だった。20年9月に菅政権が発足して不妊治療や生殖医療に注目が集まり、流れが変わった。政治が一気に動き、20年12月、親子関係に関する民法の特例法が成立。女性が第三者の卵子提供を受けて出産した場合、提供者ではなく出産者を母親として認定するのが柱だ。妻が夫の同意を得て第三者の精子提供を受けた場合、夫は自分の子であることを否認できないことも明確にした。いわば、第三者提供を法律上認めたことになる。

一方でこの法律は、生まれた子どもが遺伝上の親について知る権利や、精子・卵子の売買に関する規制については明示していない。精子・卵子提供者の情報を管理したり開示したりする仕組みも未整備のままだ。これから議論して2年後をめどに結論を出すことになってはいるが、政治家の熱量やタイミングに左右されるテーマで、実際にどこまで詰められるかは不透明な部分がある。だが未婚化や晩婚化が進む中、第三者提供は着実に広がっている。このままでは同じ提供者から生まれた子ども同士が知らずに結婚するという事態が起こり得る。子どもたちのことを考え、具体的な環境整備を急いでほしい。

なお、レイさんは性別違和を抱えて未婚のまま海外の精子バンクを利用するという、第三者提供の中でも特殊なケースといえる。話を聞いたときは驚きの連続だった。だが愛しそうに我が子のことを話すレイさんを見て、これまでに出会った他の母親たちと何も変わらないと感じた。

私がシングルマザーの取材を通じて痛感したのは、「こういう家族なら幸せ」という方程式はないということだ。

みんな手探りで自分なりの家族を作ろうと奮闘している。

それぞれの選択

卵子凍結と選択的シングルマザーという2つの選択肢についてどう思われただろうか。

「母になりたい」という願いは同じだがアプローチは異なる。卵子凍結を選んだり検討したりする人は、責任感が強く慎重な人が多いように感じた。一方、シングルマザーを選んだ人は自分に正直でオープンな印象を受けた。

意外だったのは、卵子凍結を選ぶ人の中には既婚者もいることだ。

「結婚したけど収入が安定するまで子どもを持つのが難しい」

「兄弟を作ってあげたい」

病気が見つかり、手術の前に凍結しておきたいという女性もいた。理由は人それぞれ。

「卵子凍結することで安心してしまい、婚期が遅れる」という人もいるが、正直にいってあまり因果関係が感じられない。費用の高額さや通院の手間などをクリアできるなら特に反対する理由はなく、取材後は「自分もやってみようかな」と思ったほどだ。

だが取材から約4年が経過した今も、私は卵子凍結をしていない。

現実的なハードルもいろいろあるが、なんとなく「自分で産むのが全てではない」と思うようになったことが大きい。養子縁組や里子制度、そのほか有形無形で子どもを支援する方法はあるだろう。

取材を始めたときは「日本の少子化」への問題意識が強かった。だが一人一人の話を聞くうちに、それぞれの人生をどう描くかは個人の自由であるべきだという当たり前のことに気づかされた。そもそも産みたくても産めない人もいる。子どもを産み育てたければあらゆる方法を検討すればいいし、こだわらないならじっくり自分の人生と向き合えばいい。いずれの選択も尊重されるべきだと思う。

コロナ禍と新政権

本来、この原稿は２０１９年のうちに仕上げる予定だった。だが厚生労働省記者クラブで社会保障制度改革などの取材に明け暮れるうちに年の瀬を迎え、「せめて19年度中に」と思っていると新型コロナウイルス感染症が流行。気がついたら20年度も残り少なくなっている。コロナ禍で、連載企画「婚難の中で」を取材していた２０１７〜18年とは状況が一変してしまった。出会いの減少や結婚の延期だけでなく、妊産婦を取り巻く環境が悪化し、本来以上のリスクが生じている。20年春の感染第一波の頃は、妊婦の重症化の可能性が指摘され、日本生殖医学会が患者に対して不妊治療の延期を勧めるよう会員医師らに求める声明を出すにいたった（その後、同医学会は感染症対策を行いながら治療の再開を考慮するよう声明で呼びかけている）。産み控えが広がり、厚労省によると、20年1～10月の妊娠届出数は前年同期に比べ約5％減った。21年1月現在、厚労省は妊婦の重症化リスクについて「基礎疾患を持たない妊娠していない女性と変わらない」と説明している（呼吸器感染症にかかった場合を除く）。

だが第三波の到来により各地の医療提供態勢が逼迫し、救急患者の受け入れが難しくなりつつある今の状況を見ると、人々が安心して妊娠・出産に挑める環境とは言い難いだろう。

一方、明るい兆《きざ》しも見える。２０２０年９月に発足した菅政権は不妊治療支援を大々的に打ち出した。21年1月から不妊治療の費用助成制度を大幅に拡充し、22年度には公的医療保険の適用拡大も目指す。保険の適用範囲拡大についてはさまざまな意見があり、どこまで広がるか不透明だが、国が支援の姿勢を強く打ち出したことは評価できるのではないだろうか。

菅首相だって、不妊治療支援だけで少子化が解消されるなどとは考えていないだろう（これまた効果が未知数だが、待機児童解消に向けて保育施設を確保したり、妻の産休期間に夫も休めるようにする「男性版産休制度」を創設したりと、幅広く手を打とうとしている）。

少子化は、非正規といった不安定雇用の広がりや長時間労働、低賃金、人口の都市部偏在など、さまざまな要素が複雑に絡み合った問題だ。一つずつ根気よく改善していかないと「安心して子どもを産み育てられる社会」にはならない。不妊治療への理解を深めたり、財政的に支援したりするのは、まさにその一つではないかと思う。

　職場では出産や育児への理解が徐々に進み、少しずつではあるが当事者も権利を主張しやすくなってきているように感じる。一方で、不妊治療については「個人的な問題」との捉え方がまだ根強いのではないか。おおっぴらにしたくない当事者も少なくないし、経験していない人には苦労が想像しにくい部分もある。

　だが実際はお金も時間も体力も気力も全て注ぎ込まなくてはならない大変な治療で、「仕事との両立は難しい」「でも働かないと治療費が払えない」という女性の声も私はよく聞いた。一生続く治療ではないのだし、そういう時期だと受け止めて会社や職場がサポートしてあげるべきではないか。晩婚化が加速して不妊治療がますます重要度を増す中、女性が仕事と治療の二者択一で悩む状態が続くようでは、少子化の克服は遠い夢だろう。

　菅首相の政策を「選挙対策の人気取り」と揶揄《やゆ》する声もあるが、首相が「不妊治療は重要かつ必要」との姿勢を明確に打ち出したことは、実は意味ある一歩なのではないかと私は期待している。

＊

次の最終章は「令和の恋愛と結婚」がテーマだ。30年余り続いた平成が終わり、文字通り時代が変わった。改元があった２０１９年5月は「令和婚」で婚姻数が爆発的に増加した一方、20年5月は新型コロナウイルス感染拡大による緊急事態宣言で婚姻数が激減。男女の出会いも劇的に変化した。

新たな時代の恋愛模様や結婚事情を筋野茜記者が取材した次章では、新しい技術を駆使したり、工夫を凝《こ》らしたりと、新たな縁を追い求める人々のたくましさが垣間見える。

最終章——令和の恋愛と結婚

文・筋野　茜

平成ＪＵＭＰ

「平成ＪＵＭＰ」という言葉をご存じだろうか。ジャニーズ事務所の人気グループ「Ｈｅｙ！Ｓａｙ！ＪＵＭＰ」を思い浮かべるかもしれないが、インターネット用語では、昭和生まれで、平成を結婚せずに過ごし、令和を迎えた人のことを指す。平成時代を未婚のまま「飛び越える」という意味だ。

現在の上皇にあたる平成の天皇陛下の生前退位の具体的日程が報道された２０１７年秋頃からツイッターなどで話題になり、ネットニュースが次々と取り上げた。ついに２０１８年末にはＮＨＫニュースが公式ツイッターで「『平成ＪＵＭＰ』という言葉を聞いたことがありますか？」というコメントとともに若者の動画を投稿した。このときの投稿は「多様性の時代の中、あなたはどう思いますか」という問いかけをしているにもかかわらず、ＮＨＫに対して「差別だ」「報道の質が低い」など否定的なコメントが多く寄せられた。結婚の話題がいかにセンシティブで、取り上げ方が難しいことなのかうかがい知れるエピソードだ。

しかし、当時のツイッターを見直してみると、30代を中心とした当事者たちは否定的な反応ばかりではなかった。まず「このままだと平成ＪＵＭＰしちゃいそう」「平成ＪＵＭＰ確定です！」など、同意する意見が目立った。「これで俺も晴れてジャニーズ」「ダジャレのセンスが昭和っぽくていい」と楽しむ意見も多かった。

自虐しながらもおもしろがる投稿に、新しい時代への期待感が伝わってきた。「ジャンプ」という言葉は躍動感があって前向きだ。これが「平成スルー」だったらもっと多くの人が嫌悪感を抱いていたかもしれない。

そして新しい時代、令和への期待感は数字にも表れていた。

厚生労働省の統計によると、改元直後の２０１９年５月の婚姻組数は、約９万２０００組。前年の５月は約４万６０００組だったので、約２倍に増えたことになる。改元にタイミングを合わせて婚姻届を出すカップルが多く、新聞やテレビでも「令和婚ブーム」と話題になった。

振り返れば、平成が始まった約30年前には「婚活」という言葉は存在していなかった。共働き世帯が専業主婦世帯を上回るなど、どれだけの人が予想しただろう。令和時代はどんな恋愛や結婚がスタンダードになるのか。この最終章では、取材で出会った世の中の動きから、新たな時代の未来予想図を描いてみようと思う。

家康から「お前は俺のものだ」と言われたら

「織田信長と恋愛できるんですよ」

昨年、私が女性ばかりが集まる勉強会に出席したときのこと。恋愛や結婚の話題になったとき、同年代の女性が目が点になる強烈な一言を放った。

天下統一恋の乱 Love Ballad　©Voltage

「明智光秀と二股《ふたまた》もできる」「好きな武将から誕生日にメッセージが届く」といった話に、私をはじめとする女性たちは色めき立った。

先に種を明かすと、戦国武将のキャラクターと疑似恋愛ができるスマートフォンのゲームアプリの話だった。ゲームの中の話だとしても「戦国武将」と「恋愛」というワードが脳内で結びつかない。ボルテージという会社が配信している「天下統一恋の乱Ｌｏｖｅ　Ｂａｌｌａｄ」（恋乱）というゲームであることを知り、とりあえずダウンロードしてみることに。ちなみに、私は普段ゲームをしないので、予備知識はまったくなかった。

まず簡単にゲームのルールを説明しよう。プレイヤーは女性主人公となり、まるで少女漫画を読んでいるような感覚でラブストーリーが展開されていく。有名な男性声優による音声がつくので、アニメと漫画とゲームの中間という方が正確かもしれない。私はまず「序章」をプレイしてみることにした。恋の相手となる武将は織田信長のほか、豊臣秀吉、伊達政宗、真田幸村など10人以上。真田十勇士として知られる伊賀の忍・霧隠才蔵《きりがくれさいぞう》もいる。

戦国武将というと、いわゆる歴史の教科書に出ているような「肖像画」をイメージするかもしれない。徳川家康といえば、有名なあだ名は「タヌキ親父」。でも、ゲームの中での家康公は金髪で現代語を使うイケメンだ。しかも「お前は俺のものだ」など、赤面してしまうようなセリフで愛情表現をしてくれる。

キャラクターそれぞれに、細かい設定もある。公式プロフィールによると、２０２０年の大河ドラマで注目を集める明智光秀の性格は「誰に対しても誠実で、優しすぎる人」。好きな食べ物は「おかかのおむすび」だそう。

戦国時代は、誰でも学校の日本史の授業で習うので、日本人にとって馴染みが深い。最近はドラマでも若い俳優が武将を演じていて、名古屋の「おもてなし武将隊」のように、観光地などで会える実物のイケメン武将が人気を集めている。女性でも受け入れやすい土壌がすであるのだ。

ストーリーを読み進めると「恋の試練」（ミッション）が発生し、おしゃれをして自分の魅力をアップさせるなどしてクリアしないと先へは進めない。選んだ選択肢が好感度や親密度に反映され、エンディングが変わる。長時間プレイしても、両思いになるとは限らないそうだ。無料でも楽しめるが、課金をすると、特別なシナリオが読めたり、キャラクターの誕生日に一層イベントを楽しむことができたりする。

私は、おもしろいなと思いつつ、はじめはゲームの登場人物との恋愛に熱中する心理があまりピンとこなかった。結局は「2次元」の世界の話で、アプリを閉じれば終わってしまうような気がしたからだ。

しかし、驚くべきことに戦国武将たちは現実世界に飛び出していた。ボルテージは「リアルイベント」に力を入れている。2019年はなんと、恋乱をはじめとするゲームに登場するキャラクターと1枚500円で「婚姻届」を出せる企画を実施した。まるで本当に婚姻届を出すときのように、名前や本籍を書く欄があり、スタッフが受領のはんこを押してくれるという本格的なもの。無事に終わると、相手からのメッセージカードを受け取れる。ゲームの世界を飛び出した登場人物と結婚までできるなんて、「ついにここまで」と驚かずにはいられなかった。

他にも、ゲームの世界観を表現した空間で食事をするイベントを東京や京都で開催。等身大パネルが飾られ、ゲームの中にいるような気持ちで食事を楽しみ、まるでデートをしているような気分が楽しめる。会場では缶バッジやトレーディングカードなどのグッズも飛ぶように売れた。

「旦那さんとキャラクターどちらが好きですか？」

家康のファンの女性に会って、話を聞くことができた。

待ち合わせ場所に現れた千葉県の販売員遥《はるか》さん（31歳・仮名）は小柄で癒やし系の雰囲気をまとっていた。恋乱の魅力について尋ねた途端、「家康様のクールだけど優しい『ツンデレ』なところがたまりません」と熱く語ってくれた。遥さんは約2年前に中学校の同級生と結婚していた。なんとなく、恋愛ゲームは一部の独身女性が楽しむものだろうと思い込んでいた。私自身が偏見を持っていたことにあらためて気づかされた。

遥さんはまだガラケーが主流だった大学時代から、作り込まれたストーリーやキャラクターに惹かれてボルテージのゲームを続けている筋金入りのファン。今も毎日1～2時間はゲームをして、家康の誕生日などイベント時には、課金で1日数万円を使うこともあるという。恋乱だけでなく、ボルテージの他のゲームもやっているため、リアルイベントに出かけると10万円ほどグッズを購入することも。その代わり、ゲームにかかるお金は、全て自分で働いた給料から捻出している。キャラクターとの婚姻届はケースに入れて、家宝のように大切に保管している。自分のウエディング用の写真撮影で着た打ち掛けは、恋乱の中で家康のイメージカラーとなっている黄色にした。打ち掛けでは珍しい色なので、「探すのが難しかった」と笑った。

夫もアニメが好きで、遥さんの趣味を理解してくれているそうだ。唯一、外出をするときに結婚指輪を外して、お気に入りのキャラクターとおそろいの指輪やペンダントをつけて出かけることだけは、申し訳なくて夫に内緒にしている。

遥さんは「胸キュン」したセリフはスマホの画面を撮影して保存している。「旦那さんとゲームのキャラクターどちらが好きですか？」と少しいじわるな質問をしてみた。少し考えた後、

「夫は優しい人でけんかも全然しません。不満もないし、すごく大切な存在です。2次元と3次元を比べることはできません」

と笑顔できっぱり。

その後の言葉がとても前向きで印象に残った。

「現実の世界では赤面するような直球の告白や愛情表現をされることってないじゃないですか。ゲームの中にもたくさんの恋愛相手がいて、仲良しの夫がいて、私は人生を他の人の何倍も楽しんで豊かに過ごせていると思うと幸せです」

＊

岡山県に住む独身の裕子さん（44歳・仮名）にとって、恋乱は「心の支え」だ。

４年前に管理職になり、恋愛を楽しむ余裕がなくなった。年下の取引先の人に惹かれたこともあったが「立場上よくない」と心にブレーキがかかってしまった。そこで、たまたまインターネットの記事で見つけた恋乱を始め、子どもの頃に大河ドラマで見たことがある伊達政宗と恋愛を始めたところ、「乾いて砂漠だった心に水がたまって満たされたような気持ち」になったという。

「昔から少女漫画とかアイドルとは無縁のタイプだったし、友達や同僚に『大丈夫？』と心配されそうなので絶対に秘密。自宅でしかプレイしない」と決めている。いくつかのゲームを同時並行しながら楽しんでいたが、婚姻届を出せるイベントが開かれると聞いて、いてもたってもいられずに上京。武将や貴族など複数のキャラクターとの婚姻届を計10枚購入した。

「40歳を過ぎると、現実の恋愛はうまくいかなくて、おばさん扱いされて傷つくことばっかり。イケメンから『俺のことだけ見ろ』とか『かわいいにもほどがある』なんて言われると若返る気がする。それに、ゲームなら二股や三股も許されるし、失敗してもやり直せるでしょ」

遥さんと裕子さんから話を聞いて、きちんと「現実」に足をつけながら、武将との恋愛も楽しんでいるように感じた。アイドルや芸能人を好きになる感覚に近いのかと思ったが、もっと距離が近い。一方通行のテレビとは違い、毎日アプリを開けば、甘い駆け引きをしながら、自分を主人公に恋を進めることができる。事前に入力しておけば、自分の名前やニックネームも呼んでくれる。何かにはまることを「沼」という。「戦国武将沼」は一度はまったら抜け出せない中毒性がありそうだ。

私自身もダウンロードしたものの、先に進めるかどうか迷っている。

貴族や妖怪とも恋愛

ボルテージは2006年に携帯電話向けの恋愛ゲームを配信して以来、「恋愛ドラマアプリ（恋アプ）」というカテゴリーで100タイトル以上を発表している。設定も多種多様で、たとえば、中世の宮殿を舞台に貴族や執事と恋愛をするゲームや、人間ではなく「あやかし」と呼ばれる妖怪と恋愛するゲームもある。

乙女心をくすぐるために不断の努力を続けるボルテージの東奈々子副社長にインタビューした。

＊

――恋愛ゲームは、一昔前まで、携帯電話のゲームに限らず、「ときめきメモリアル」のように「男性がやるもの」というイメージが強かったように思います。このあたりの変化はどこにあるのでしょうか。

東さん　携帯電話の普及で、専用のゲーム機がなくても気軽にプレイできるようになり、女性でも気軽に楽しめるようになりました。特に、スマートフォンの登場で、コンテンツが充実したのが大きな転機でした。

女性が社会進出する一方で、仕事、家事、子育てを一人でこなす「ワンオペ」状態の人も多い。男性は飲み会など外でストレスを発散する機会がありますが、ワンオペの女性はできません。そんなとき、ゲームの中の男性が「君が一番だよ」と認めてくれることで、ほっとしたり、満たされたりするのだと思います。

今は女性向けゲーム市場が非常に活況です。婚姻届企画などのリアルイベントには、女性の方が積極的に参加する傾向がありますね。グッズの購入など、相手への愛情をさまざまな形で示してくれます。一昔前は、「オタク」のイメージがあるせいか隠してやっている人が多かったのですが、今はツイッターなどで作品のファン同士がつながって、情報交換したり、一緒にイベントに参加したりと新しい動きもできています。

――どんな女性がターゲットですか。

東さん　20〜40代の働く女性や主婦が中心です。メインターゲットは30代。最初は、通勤時間帯にプレイすることを想定していました。ところが、アンケートをとってみたところ、寝る前に楽しむ人が圧倒的に多かったんです。家事や仕事で疲れていて、一日の終わりにイケメンに疲れを癒やしてもらいたいという願望があるのだと思いました。土日は家事や育児に追われている主婦が、月曜の朝、家族を送り出した後にゲームをするのを心待ちにしているという話も聞きますね。ガラケー時代からずっとやっている人もいますし、就職などを機に一回離れて、お金と時間に余裕が生まれてから戻ってきた人もいます。

――キャラクター作りで気をつけていることはありますか。また、どんなキャラクターが人気があるのでしょうか。

東さん　舞台は戦国時代や中世の宮殿などファンタジーの要素が強くても、登場人物は現実にいそうなキャラクターにすることです。なので、数年前まで、うちの作品では、髪色は金髪まで。あまり派手にはしていませんでした。ただ、最近は韓国のK-POPアイドルを筆頭に、現実世界でもピンクやブルーの髪色の人が普通にいます。時代の流れで採用するようにしています。

時代性をつかむために、そのときどきの人気芸能人などは参考にしていました。そして、性格や身長や体重から、好きな食べ物まで設定を作り込んでいきます。行動やセリフにキャラクターのブレが起こらないようにします。最近の若手クリエーターは、憧れの人が芸能人ではなく2次元キャラクターの場合もあって、アニメやゲームが生活に浸透しているという時代の変化を感じます。ゲームにとどまらず、グッズやイベントなども楽しんでいただければうれしいですね。

自分たちでは想定していなかったキャラクターの人気が爆発することもあって、やりがいを感じます。ボルテージでは毎年キャラクター総選挙を定期的に開催しています。安定した人気があるのは普段は「オレ様」なのに、たまにデレデレと甘い態度を取る「ツンデレ」のキャラが多い。優しさが前面に出るキャラクターはなかなかダントツの人気とはならない。そこは現実世界と違いますよね。普段味わえないときめきを求めてプレイする人が多い証拠かもしれません。最近は我が道を行くナルシストキャラも人気があります。

＊

ボルテージは米国に子会社を設立し、海外展開にも力を入れる。２０１９年に配信された英語のオリジナル作品「Ｓｉｎ Ｗｉｔｈ Ｍｅ」と比較すると、日本と海外の恋愛や結婚観の大きな違いがある。

この作品の舞台はラスベガスのサーカス。まず、プレイヤーが求めるヒロイン像と男性像がまったく異なる。日本ではゲームでも漫画でも、女性主人公は控えめで従順、男性からやや強引に好意を見せられたり、守られたりするようなストーリーが好まれる。

一方、米国では、女性は男性と同等で自立しているのが当たり前だ。日本でも女性の社会進出は進んでいるものの、「女性は自己主張が強くてはいけない」「男性に守られるのが幸せ」という意識が強いことが分かる。

日本では男性は細身で中性的な雰囲気のキャラが主流なのに対し、米国では人種にかかわらず、強くて、引っ張っていくタイプの男性が安定した人気を誇るという。米国の映画やドラマでもマッチョな男性がヒーローになっていることが多い。ただ、「合意なき恋愛」は欧米では御法度《ごはっと》。スピード感がある展開にしつつも、日本のように「オレ様キャラ」がまだ気持ちが固まっていない段階で、無理やりキスをするなどのアプローチは敬遠されるので、描写には気をつけているという。

そして、最も大きな違いは、恋愛対象が男女両方という点だ。

ボルテージでは、現地のスタッフから「同性愛者（レズビアン）の恋愛も楽しみたいプレイヤーも多くいるのではないか」という指摘を受けて、恋愛対象に「力強いクールビューティータイプ」「かわいらしいタイプ」の女性のキャラクターを加えた。

日本では恋愛や結婚で、多様性が意識される機会がまだまだ少ない。でも、ときめきや乙女心は「常識」を飛び越えるということを、ボルテージの取材で私は目の当たりにした。恋愛や結婚に立ちふさがる年齢や国籍、性別といった垣根も、まずゲームの世界が取り払ってくれるのではないか。そんな期待がわいた。

そして、新型コロナウイルスの感染拡大は、ゲーム業界にとっては追い風になっている。外出自粛で家にいる時間が長くなったことで、ボルテージでも、ダウンロード数や課金額が増えたという。ゲームのストーリーの中で、「こんなときだけど一緒に頑張ろう」といったセリフを新たに男性キャラクターとのやりとりに盛り込んでいる。気持ちがふさがりがちなとき、そんな優しく寄り添う言葉をかけられたら、胸を射貫《いぬ》かれるに違いない。もはや恋愛で２次元か３次元かは小さなことになりつつある。

仲人はＡＩ

令和の時代は、人工知能（ＡＩ）をはじめとする先端技術が主役になるともいわれる。

それは婚活でも例外ではないようだ。先端技術が人間に会話のきっかけや盛り上げ役となったり、相性のいい人を探したりと新たな「仲人《なこうど》さん」の役目を担う現場に向かった。

結婚相談所の「ツヴァイ」が活用しているのは、握手やタッチといった体に触れる動作で情報を伝える「人体通信技術」。２０１９年6月に開かれた婚活パーティーでは、リストバンドをして参加した男女が挨拶で握手をすると、趣味、出身地から飲酒・喫煙の有無や結婚歴まで、お互いのプロフィールがタブレット端末の左右に表示された。参加者は「映画が好きなんですね」「お酒は家でも飲みますか」などとタブレットを見ながら会話を進めた。お互いの理解を深めるきっかけにするため、同年4月から婚活パーティーに導入した。

2回目の一対一の時間では、二人で手を合わせるたびに「１００万円手に入ったらどうしますか」「共働きを希望しますか」といった質問が画面に現れ話に花が咲いた。参加した神奈川県の男性（47歳）は、

「お金や結婚後の働き方については、初対面で自分からは聞きにくい。でも、結婚するには知っておきたいことなので、スムーズに知ることができてよかった」

と高評価だった。

結婚に欠かせない価値観を先にすりあわせることができたからか、他のパーティーよりもカップル成立率が10〜20％程度高いという。今はまだ、データを交換するだけだが、ツヴァイの担当者は、

「盛り上がった話題などのデータを蓄積して成婚率アップにつなげたい。将来的には触れると『運命の相手』が分かるようなシステムを作ってみたい」

と夢を語る。

少子化に悩む地方自治体もＡＩによる結婚支援に着目する。

婚姻率が全国ワーストの秋田県。県や県内市町村などが運営する「あきた結婚支援センター」は、２０２０年１月からＡＩを活用したマッチングサービスを始めた。婚活支援サービスの「パートナーエージェント」（現タメニー）が開発したシステムを利用して、会員が価値観や性格などに関する１００以上の質問に回答すると、過去の交際・成婚データなどからＡＩが相性の良い相手を会員から選び出してくれる。

これまでは会員が県内３カ所にあるセンターに足を運んで、相手の検索や「お見合い」の申し込みをする必要があった。お見合いの日程も職員が電話で調整するなど、昔ながらの手続きをしていたため、手間がかかっていた。現在では、会員がパソコンやスマートフォンを使って活動を進めるため、職員の業務効率化にもつながるという。秋田県次世代・女性活躍支援課の担当者も、

「ネット婚活などが広がる中で、若い世代には、わざわざセンターに出向いて相手探しをす

ることに抵抗がある人もいる。気軽に登録し、ＡＩで素敵な相手を見つけてほしい」と話す。県によると、２０２１年１月末現在ですでに8組が結婚したそうだ。結婚までの期間が１〜３カ月と短いのも、ＡＩが相性の良さを後押ししてくれているからかもしれない。同じシステムはすでに福島県や埼玉県、福井県でも導入されている。効果が出ればさまざまな自治体で導入されていく可能性もある。結婚式の挨拶で「キューピットはＡＩです」と紹介される日も近いかもしれない。

早婚を目指す20代と「産んでからキャリア」の時代

この取材で大変お世話になった結婚相談所のツヴァイの広報担当者から、20代前半で結婚相談所に入会する人が増えていると聞いた。私は、「なんで？　そんなに急がなくてもいいのに」とにわかに信じられない気持ちになった。たしかに、バブル時代の１９８０年代後半は、女性の結婚適齢期が「クリスマスケーキ」にたとえられていた。12月25日までしか売れないケーキのように、25歳までに結婚しないと「売れ残る」という意味だ。

しかし、２０１９年の厚生労働省の統計によると、女性の平均初婚年齢は29・6歳で、バブル期よりも約４歳も上昇している。

年齢の若さに加えて、合コンなど恋愛がメインのカジュアルな出会いではなく、最初から結婚相談所を選ぶというのも私には意外だった。「若者の保守化」という言葉がふと頭をよぎる。私自身のことを思い出してみると、20代前半は仕事に夢中で結婚など頭の片隅にもなかったからだ。

令和の世代を生きる若い世代の価値観を知りたいと思い、取材を始めた。

*

東北地方に住む女性のなおさん（仮名）は22歳。昨年、21歳でツヴァイに入会した。高校を卒業して働き始め、今は地元の会社で正社員として働いている。社会人としての経験があるせいか受け答えはとてもしっかりしている。とはいえ、今まで取材で出会った婚活中の人よりも一回り以上年下。見た目はやはり若々しい。

なおさんは、異性には「感情的で怖い」という苦手意識があり、ずっと恋人はいなかった。入会のきっかけは、周りで授《さず》かり婚をする友達が出始めたことだった。「体力があるうちに子育てをした方が楽だよ」と言われて「そうかも」と考え始めた。

もともと結婚願望はあったものの、遊びで男性とつきあう気持ちは起こらなかった。なあなあでつきあうよりも結婚前提。そこで思いついたのが「お見合い結婚」だった。相談した母親にも「早いんじゃないの」と驚かれたが、1年限定で活動してみることにした。

今は相談所で出会った20代後半の会社員と交際中。結婚観を率直に語ってもらった。

「老後を考えると、一人で生きていくのが不安なんです。結婚のイメージは『安定』。結婚して楽になりたいというか、誰かと一緒なら人生が楽しくなるんじゃないかなって。年収や学歴はあまり意識しないです。きちんと人生の計画を立てないと最終的にどうなるか分からなくて怖い。早めに見通しが立っている方が、子育てや仕事をするときも安心できる気がします。フルタイムではなく、できるだけ自分の時間や家族との時間を作りたい」

結婚が「安定」というところは、これまで取材で出会った30〜40代の女性たちとも共通している。一方で若いうちに計画を立てて子育てや仕事をしたいという意見はこれまで聞いたことがない新しい視点だった。30〜40代の人たちの多くが結婚をゴールと捉えているのに対し、なおさんにとっては結婚が人生計画のスタート地点なのだ。

データでも同じような傾向が出ている。

結婚準備クチコミ情報サイト「ウエディングパーク」が大学生と短大生の男女４９６人を

対象に実施した「若者の恋愛結婚観」に関する実態調査（２０１８年）では、「将来結婚（入籍）したいと思いますか」という問いに72・8％が「したい」と回答した。そして、49・8％が25歳前後の結婚にメリットを感じると答え、早婚にプラスイメージを持っていた。また、早婚を希望する理由の自由記述には、

「社会的な信用があるし、子どもも持つなら早い方がいい。収入はそれほど多くない年齢なので大変だが、老後も考えると子どもが成人する年齢が早い方がいい」（22歳男性）

「働くモチベーションが上がると思うから」（21歳男性）

「将来の準備が早くできる」（22歳男性）

「仕事の経験もでき、将来的に子どもを産んだとして、その子どもが育った後も、まだ働ける年齢だし、遊びもできるだろうし、老後に余裕ができると思うから」（20歳女性）

「結婚しなきゃいけないという呪縛から解き放たれる」（19歳男性）

といった意見があった。「信用」「将来」や「準備」「老後」といった堅実なワードが並ぶ。

　主婦の友インフォスが発行する女性ファッション誌「Ｓ　Ｃａｗａｉｉ！」も読者の要望に応える形で、20代の結婚を取り上げている。２０１７年に「20代で結婚する！」と題した特集を掲載。「20代で結婚できる女にはウラがあった！　〝私、30才までに結婚できるでし

ょ？〟って思ってる女、ちょっと来ーい！」「なにがなんでも30才までに結婚した〜〜〜いっ!!! 22才からの婚カツ」など直球の内容を集めた。翌年には、「今すぐ彼をつかまえて、20代のうちに結婚する方法」というタイトルで1冊まるごと、恋愛と結婚を特集した。このとき表紙は、お互い21歳のときに結婚したぺこさんとりゅうちぇるさん夫婦。二人はインスタグラムにたびたび子どもと一緒の仲良しショットを掲載していて、20代が憧れる「理想の芸能人夫婦」の第1位に選ばれたこともある。

なおさんの話にもあるように、現在の20代の女性にとっては「安定」は、相手の収入や職業などのスペックで得られるわけではなく、ぺこ&りゅうちぇるカップルに代表されるような、一緒にいて楽しく安心する相手との生活を意味しているのかもしれない。上の世代が婚活や仕事と育児の両立に苦しむ様子を見聞きして、早婚化に向かっている——というのは私の考えすぎだろうか。

社会全体としては晩婚化が進んでいて、全ての20代に結婚願望があるわけでもない。

今の日本社会では、子どもを早く産む可能性がある早婚はキャリアの断念と捉えられがちで、女性は働いてポジションを確保しながら、出産のタイミングを探らなければならないのが現実だ。早婚がメジャーになっていけば、新卒の女性が20代のうちに結婚・出産をして社会復帰をする「産んでからキャリア」という流れを活発にする可能性もある。新たな動きとして、令和の時代でさらに主流になるか注目していきたい。

コロナ禍が婚活市場に与えた影響

2020年に入り、日本を含む世界各地で新型コロナウイルスの感染が広がった。本書の「はじめに」で紹介した漫画『東京タラレバ娘』で、主人公が結婚の目標期限にしていた東京五輪も1年の延期が決まった。4月16日にはついに全国に緊急事態宣言が出され、外出の機会が激減。私たちの暮らしは大きく変化した。期待とともに始まった令和の時代は、いきなり先の見通せない本物の「困難」に直面している。

コロナ禍では、三密（密閉、密集、密接）を避けて、マスクをしながらソーシャルディスタンスを保つという新しい生活様式が求められた。私も、緊急事態宣言が出た後、入社して初めて本格的なテレワークを経験した。記者の仕事は対面が基本とはいえ、安心・安全が確保できない状況で強引に会って取材を進めることはできない。ドキドキしながら初めてビデオ通話アプリＺｏｏｍ（ズーム）などを使ったオンライン取材を始めたところ、電話よりも相手の表情が分かって、今では選択肢の一つとなった。普段の生活でも、デパートやファッションビルが閉まっているため生活必需品しか買うことができず、遠出もできないため、最初は窮屈《きゅうくつ》さや息苦しさを感じた。しかし、慣れてくると、欲しいものに優先順位をつけて、本当に欲しいと思ったものは通販を利用するなど、折り合いをつけるようになっていった。今まで当たり前だった生活スタイルを見直すきっかけにもなったのだ。

新型コロナウイルスの感染拡大は、婚活市場にも大きな影響を与えた。

お見合いや婚活イベント、自治体の結婚支援事業が軒並み休止に。東北地方の創業20年以上の結婚相談所のオーナーは、

「お見合いは、お互いの表情を見ながら時間をかけて距離を縮めていく。パーティーだって、マスクで顔が隠れていては顔が好みなのか相手を判断できない。こんなピンチは初めて」

と嘆いていた。

コロナで不安を感じる女性が増えた

緊急事態宣言が出された直後、以前に取材で出会った埼玉県の女性契約社員、智恵さん（36歳・仮名）から電話をもらった。

「コロナのせいで出会いが全部なくなってしまったんです。どうしよう」

その声は焦りに満ちていた。月に数回参加していた婚活パーティーは4月に入って全て中止になった。2月にパーティーで連絡先を聞き、定期的に食事をしていた1歳年下の気になる男性には、

「コロナが移ったら大変。終息するまで会うのはやめましょう」

と告げられた。会えなくなるのが怖かったので「マスクをして短時間会うなら大丈夫ですよ」とLINEを送ると、返信はなく、あっという間に疎遠になった。

智恵さんは大学卒業後、希望していた出版社への就職がかなわず、ずっと非正規社員として働いてきた。現在は、雑誌やパンフレットの制作会社に勤めている。不安定な生活から脱却するために、数年前から婚活をしている。コロナの影響で、会社の仕事が激減したこともあり、出勤日が制限され、給料も減ってしまったという。

「コロナ不況が続いてこのままクビになったら……と思うと一人で生きていくことに不安しかない。結婚したい気持ちが日に日に強くなっています」

このような傾向がデータでも出ている。結婚相手紹介サービスを運営するオーネット（東京）は2020年5月、20～39歳の独身男女984人を対象にコロナ禍での結婚に関する意

識調査を実施した。「コロナの流行に伴う社会情勢で結婚に対する意識の変化はあったか?」という質問に対し、「非常に結婚したくなった」という人が12・２%。「やや結婚したくなった」という人も24・２%で、４割近くの人の結婚願望が強くなったことが分かった。性別では、女性が男性よりも約10ポイントも結婚を意識した人の割合が高くなった。結婚に対する意識が高まった人にその理由を尋ねると、最も多かったのは「一人でいることに対する孤独感や将来に対する不安感」（61%）で、続いて「誰かと一緒にいたいと思った」（21%）だった。一人で過ごす時間が増えたことで、孤独や将来に不安を感じて、結婚を意識するようになったということのようだ。

オンライン婚活が爆発的人気になる

そんな中、自宅からスマートフォンやパソコンで参加する「オンライン婚活」がテレビや新聞でも頻繁に取り上げられるようになった。２０２０年４月から数カ月にわたり、婚活支援を手掛ける福岡市の企業ＬＭＯ（エルモ）のオンライン婚活を取材させてもらった。

ＬＭＯのＺｏｏｍを使ったパーティーやお見合いの参加者は、１月は10～20人程度だったが、４月は約４００人に急増した。オンラインのパーティーは画面上で全員が自己紹介した後、男女一対一の画面に切り替わり会話を楽しむ。司会者を通じ、お互いの好意が確認できたら連絡先を交換することができる。トラブルを防止するため、参加者に対しては、事前に運転免許証などで本人確認をしている。

実際のオンラインでのやりとりを近くで見せてもらった。

最初こそみんな画面で静止画のように固まってぎこちない感じだったが、趣味の話などをしていくうちに、身ぶり手ぶりが大きくなり、笑いが起きるようになった。写真だと顔やスタイルを加工できてしまうが、動画なので容姿だけでなく、話し方やしぐさまで伝わり、相手の雰囲気が分かりやすい。ＬＭＯの高田康太社長は、

「画面越しで開催する以外は実際のパーティーと変わらないんです。むしろ移動の手間もかからず、気楽に参加できる」

と力説する。

もともと大手結婚相談所で部長職を務めていた高田さんは、２０１８年に独立して福岡市でＬＭＯを開業した。多くの自治体の少子化対策を中心に地方創生事業に携《たずさ》わった経験を生かして、婚活事業を本格化させようとした矢先にコロナの感染拡大が始まった。

そこで主力事業の一つだったオンライン婚活をＰＲしたところ、爆発的な人気が出た。毎

晩開かれるパーティーに司会者として参加したり、参加者に服装やメイク、部屋の配置などをアドバイスしたりするなど、多忙な毎日を過ごしていた。

オンライン→会ったその日にプロポーズ

取材が一段落ついた6月中旬、高田さんから、「熊本と東京で成婚が決まったカップルがいる」と連絡がきた。聞けば、告白も交際もオンラインだけだという。今までいろいろなカップルの取材をしてきたが、聞いたことのない展開でとてもわくわくした。

7月に入り、二人へオンラインで取材をすることができた。熊本県に住む紀徳さん（31歳）と東京都に住む綾子さん（43歳）の夫婦で、6月中に入籍していた。

二人は２０２０年4月26日にＬＭＯが主催したオンラインの婚活パーティーで出会った。紀徳さんはコロナが流行し始めた頃から婚活を始め、綾子さんは、

「コロナで友達にも会えないし、どこにも出かけられないので、婚活というより誰かと話したくて参加した」

と振り返る。そのときは、9人が参加したものの二人の関係は、特に進展しなかった。

5月20日のパーティーで再会したとき、運命が動き出す。

全国転勤があるホテルに勤務している紀徳さんは、綾子さんが「結婚したらどこに住んでもいいです」と気負うことなく話す姿に感動した。綾子さんも、以前話したときよりも話し上手になった紀徳さんの向上心に惹かれるようになった。2日後にLMOが仲介したオンラインでの一対一のお見合いに参加し、紀徳さんが「交際しませんか」と告白して交際がスタートした。

もともと熊本と東京で距離がある上に、コロナ禍で会うことはかなわない。二人は毎日ビデオ通話で、お互いの過去や年の差、仕事のこと、結婚後の夫婦像などを率直に話し合った。料理や入浴で席を立つときも、通話をつなぎっぱなしにして、すっぴんやパジャマ姿まで見せるなど、できるだけ生活感を共有するようにした。私はその話を聞いて思わず「すごいですね！」と声を上げた。つきあい始めの段階で、化粧をする前の無防備な顔を相手に見せるのは勇気がある、と思ったからだ。

するとと綾子さんは、

「会って時間を無駄にしたくなかったので。オンラインだからこそ、冷静にお互いのことを知ることができた。だらだらと会っていたら、逆にうまくいかなかったかも」

と説明してくれた。紀徳さんも「すっぴんも気にならなかったし、むしろ素の姿を見せてくれてうれしかった」という。

そして、緊急事態宣言が明けた6月19日、ついに二人は熊本で初めて会うことになった。

私は綾子さんに「会うのに迷いや不安はありませんでしたか」と質問した。綾子さんは、

「私は怖くなかったけれど、仲のいい友達にも『怖くない？』『その男は実在するの？』と心配されましたよ」

と笑った。その友達は、綾子さんの飛行機の便を聞き、「熊本に着いたら連絡してね」と念を押したそうだ。綾子さんが物騒な事件に巻き込まれることを心配していたのだろう。杞憂だったとしても、そうやって親身になってくれる友達がいるのは素敵なことだ。

無事にデートにこぎ着けた二人。ずっとビデオ通話をしていたこともあり、お互いずっと一緒にいたような居心地のよさを感じた。すると、紀徳さんは「近くで高田さんがイベントをやっているから会いに行こう」と誘い、熊本市内の結婚式場に向かった。綾子さんはオンラインのパーティーやお見合いの席で何度も「会っていた」高田さんとの初対面を喜んだ。

実はこの日、紀徳さんはサプライズでのプロポーズを企画していた。

「オンラインでやりとりをする中で、綾子さんには負の部分をさらけ出すことができた。この人しかいないと思ったんです」

高田さんとＬＭＯのスタッフはサプライズの協力者として福岡から熊本まで駆けつけていた。綾子さんが高田さんらに促されてチャペルに入ると、トイレに行っているはずの紀徳さんの姿が。そばに近づくと、紀徳さんは緊張した様子で「あなたと一緒にいたい」などと用意していた手紙を読み上げ、指輪を差し出して求婚した。

「まさか会ったその日にプロポーズなんて予想もしていなかった」という綾子さんも、迷うことなくその場で受け入れた。その様子はこれまでオンラインパーティーに参加した仲間たちに中継され、二人は大きな祝福を受けた。

翌日、二人は高田さんらが見守る中、熊本市の区役所に婚姻届を提出。正式に夫婦になった。予期せぬプロポーズだったため、綾子さんは急きょ父親に「結婚しようと思うんだ」と電話を入れた。綾子さんの父親は驚いた様子を見せながらも、「二人で考えて決めたことならいいんじゃないか」と賛成してくれた。

取材中、私が「最初から好印象だったのですか？」「他の女性とオンラインで会ったことは？」などと答えにくい質問をしても、二人は笑顔で率直に答えてくれた。画面越しにも、二人に信頼関係ができていることが伝わってきた。紀徳さんは、

「普段だったら、職業も年齢も異なる二人が、熊本と東京で出会うチャンスはなかったと思

う。コロナは大変だけれど、災い転じて福となすといった感じでしょうか」と笑顔を見せた。コロナ禍が落ち着いたら、同居や挙式なども進めていくそうだ。夫妻はコロナがつないだ縁をこれから紡いでいく。

ドライブスルー婚活

他の結婚相談所もこぞってオンライン婚活を導入し始めた。

一方、ＬＭＯは今後、オンライン婚活だけでなく、対面式のイベントにも力を入れていく計画だ。「コロナ禍では対面は難しいのでは?」という外野の声にも、アイデアマンの高田さんは動じない。

5月下旬には、熊本市で男女11人がマイカーに乗ったまま参加する「ドライブスルー婚活」を初めて開催した。参加者ははじめ、離れて駐車し、Ｚｏｏｍを使って車内で自己紹介する。その後、男性が自分の車を女性の車のそばに近づけ、窓越しにお互いの姿を見ながら、スマホで一対一の会話を順々にしていく「ハイブリット型」のイベントで、カップルも2組誕生した。

福岡市と佐賀県唐津《からつ》市では「スナック婚活」もスタートした。唐津市のスナックには男性が、福岡市の方には女性が参加するシステム。そして、男女がオンラインで画面越しに自己紹介し合い、気に入った異性が見つかれば、一対一で話をすることもできる。スナックといえば人生経験が豊富で相談に乗ってくれる「ママ」の存在が大きい。実際にスナックでは、ママの紹介で結婚につながるカップルもいる。コロナ禍で厳しい状況が続く飲食店同士がオンラインでつながり、県域を超えた新たな婚活の場として脚光を浴びるかもしれない。

高田さんは、

「オンライン婚活は、新しい出会いや交流の場として広がりつつある。同じように、新しい生活様式にあったサービスをどんどん考えていきたい」

と意気込む。

オンラインでの婚活パーティーや告白、バーチャル同棲、プロポーズの中継……。二人の結婚までのストーリーはどれも初めて聞く斬新な内容ばかりだった。経緯を文字にすれば、たしかに初めて会った翌日に結婚したことになる。でも、よく考えてみれば、ビデオ通話などのオンラインという「ツール」が新しいだけで、出会いから告白、求婚というやりとりは、一般的な恋愛となんら変わらない。オンラインはお互いの動く姿が見える安心感があり、メールが主流のネット婚活よりも一段進化した印象を受けた。

見つけた答えは

コロナ禍で人生を見つめ直し、オンライン婚活を始めた男性にも出会った。

首都圏に住む自動車メーカー勤務の元気さん（仮名）。大学時代はラグビーをしていたという体育会系の41歳で、明るく朗らかでおしゃべり好きな印象だ。ほぼ毎晩仕事終わりは同僚と飲み、週末は趣味のボルダリングを楽しみ、これまで結婚を真剣に考えたことはなかったという。

ところが、コロナの感染拡大よって状況は一変する。

４月頃から仕事は原則在宅勤務になり、飲み会など「不要不急」の外出も制限された。最初は仕事仲間や大学の同期を誘ってオンライン飲み会を開いたが、「妻がいい顔をしない」「ダラダラ続くのが嫌」と段々参加者が減っていった。昔つきあったり、デートをしたりした女性たちにも連絡を取ったが、みんなつれない様子だった。

そして、誰かと仕事以外の話をする機会が激減した。

「自分は人気者で友達が多いと思ってたのに、他の人には家族や恋人がいて、いざ非常事態になったらひとりぼっちだった。生まれて初めて孤独を感じた」

と弱音を吐いた。

1カ月ほど自宅で引きこもっていると、眠れない日が増え、仕事中も集中力が続かなくなっていった。結婚して故郷の東北で暮らす妹と電話で話したとき、心身の不調を伝えると、

「いつも旦那や子どもがいなかったらもっと自由な時間ができるのにと、お兄ちゃんをうらやましく思ってたの。でも、こういう不安ばかりの時代になって、家族が心の支えになっていると実感した。お兄ちゃんもそういう人を真剣に探してみたら」

とアドバイスされた。

弱っていた元気さんにはその助言が身に染《し》みたという。交際した女性は20人以上いたものの、結婚は「いつかするもの」で常に「今はめんどくさい」と思っていた。男性ならある程度の財力があれば50歳でも60歳でも結婚できると漠然と信じていた。

「モテてきた自信があったのですね」と尋ねると、恥ずかしそうに、

「そうですね。自分は選ぶ側、女性は選ばれる側だと勝手に思っていました。実際は選ぶどころか誰もいなかったんですけど」

と苦笑いしていた。

一度だけ、約10人が参加するオンライン婚活パーティーに参加してみた。しかし、20〜30

代前半の女性たちと共通の話題がなかなか見つからない。最近流行しているお笑い芸人や歌などよく知らない話題になると、隠れてスマホで検索して分かったふりをした。

終わった後は、どっと疲れてしまった。

「大人数だと見栄っ張りな部分が捨てきれなくて……」と反省する元気さん。その後、高校や大学時代の同期や会社の後輩に頭を下げて、一対一で紹介してもらう作戦に切り替えた。周囲は結婚願望などなかった元気さんの変化に驚きつつ、親身になって相手を探してくれた。

何人かとオンラインで「お見合い」を続け、7月に友人の紹介で出会ったのが30代後半で、元気さんの生まれ故郷と同じ県の女性だった。今も地方都市で暮らす女性には20代の頃に離婚歴があり、ずっとその町で事務の仕事をしながら暮らしてきた。都会でボルダリングや合コンをしていたら、絶対に出会わないタイプ。紹介してくれた高校の同級生は「なんとなくお前と合いそうな気がしたから、とりあえず話してみなよ」と勧めてくれた。

ビデオ通話で話してみると、「あの店はまだあるの？」「遠足といえばあそこだよね」と地元トークで盛り上がった。何でも楽しそうに笑ってくれる女性と話していると、高校時代のようなときめきを感じた。一日の終わりに女性の声を聞くたびに、心のよりどころができたという安心感がある。「結婚に失敗をしているので、急がず話を進めたい」という女性の思いをくんで、ゆっくりと交際を進めている。

「東京で仕事をしてこそ成功者だ」

元気さんは上京してから一貫してそう考えていた。コロナの流行という未曽有の事態になり、仕事や遊びに邁進していただけで、実は人生の経験値を積み上げてこなかったのではないかという疑問が心の中に生まれた。

そんなとき生まれ故郷の女性と出会い、疑問は確信に変わった。今は、地方転勤や生まれ故郷での転職も選択肢に入れている。

「この苦しい時間が自分と向き合い、答えを探す貴重な時間になった。いつかコロナが終息したときに、何かを得て成長していたい。……できたら、彼女が隣にいたらいいのですけど」

パソコンの画面越し、照れながらすがすがしい笑顔を見せた。

＊

この原稿を執筆している段階でも、海外でワクチン接種が始まったり、変異種が広がったりと、コロナを巡る情勢は日々刻々と変化している。しばらくの間（場合によっては何年も）、コロナを完全に切り離して生きるのは難しい。コロナの流行が収まらなければ、リーマンショックのときと同じく、景気が悪化して雇用が不安定となり「婚難」はさらに深刻になるだろう。すでに、データの上では「令和婚」で盛り上がった２０１９年から一転、コロナ禍で結婚・出産の未来予想図に暗雲が立ちこめている。

まずは結婚。内閣府は、２０２０年１月〜８月の婚姻件数が前年比マイナス13・１％と低下傾向が続いていることを明らかにしている。コロナの感染拡大でイベントなどの自粛ムードが広がり、独身男女の出会いの場が減ったことやカップルが結婚を先延ばししたことが大きく影響していそうだ。

少子化も深刻さが増している。厚労省が全国の自治体が受理した妊娠届の件数を集計した結果、２０２０年５〜７月は前年同期比11・４％減、２万６３３１件のマイナスとなった。特に感染拡大の不安が高まった３月頃の妊娠状況を反映する５月は前年同月比17・１％マイナスの大幅減となった。子どもを産み育てることへの金銭的、精神的な不安に加えて、平時にできていた立ち会い出産や見舞いが制限され、都市部から地方に帰省する里帰り出産も難しくなったことが、妊娠をためらわせる要因になったと考えられる。おなかの中で育った子どもが生まれる21年の出生数は、前年から大きく減る可能性がある。

ただ後ろ向きな話ばかりではない。今回の取材では、どんな逆境でも、結婚したい独身男女がいる限り、オンライン婚活のように新たな出会いの形が次々と生まれていくと、実感することができた。危機に直面した今だからこそ、従来の価値観を打ち破って、新しい結婚の形が生まれる可能性も大きい。

また、コロナ禍で元気さんのように改めて自分の人生や内面と向き合い、考えを新たにした人もたくさんいただろう。外出自粛や在宅勤務でパートナーと一緒にいる時間が増えたことで、相手の嫌な面が目についたというマイナスの声、さらに相手との絆が深まったというプラスの声、どちらもよく耳にした。コロナは図《はか》らずも、自他の価値観や人間関係を確かめる「リトマス試験紙」のような役割を果たしているのかもしれない。私たちはコロナの終息後、何かを得ているはずだ。

最後に、令和の時代こそ、老若男女みんなが孤独や後ろめたさを感じることなく、自分で選んだ人生を歩めるような寛容な社会になってほしい。

心からの願いを込めて本書の執筆を終える。

あとがき①

井上 詞子

人々の生活が一変した２０２０年が矢のように過ぎ、２０２１年に入った。１月上旬現在、新型コロナウイルスの感染拡大は収まる気配がない。めまぐるしく状況が変わり続け、先が見えない日が続く。

筋野記者が最終章で指摘したように、結婚にも異変が生じている。厚生労働省の人口動態統計速報によると２０２０年１〜10月の全国婚姻数は前年同期から約13％減った。共同通信社生活報道部が20年11月、全国の都道府県や主要都市を対象にアンケート調査を実施したところ、40％超が「今年の婚姻の動きは例年と違う」と答えた。気になるのは、経済や雇用情勢の悪化が結婚に与える影響を懸念する声が複数あったことだ。

経済が悪化して生活が不安定になれば、結婚への意欲は高まる可能性がある。物理的にも精神的にも一人では生きていきにくいからだ。だが結婚に安定を求めれば求めるほど、みんなが不安定な時代ではハードルが上がってしまう。外出自粛の中で孤独に嫌気がさした人は少なくないと思うが、経済や雇用に明るい兆しがなければ結婚増は期待しにくいのではないだろうか。

結婚は時代や社会を映す鏡のようなものだと思う。連載企画「婚難の中で」では20代の若者の恋愛事情も取り上げた。恋愛に興味がない人も、マッチングアプリやクラウドファンディングを使って出会いを探す人もいた。特に記憶に残っているのは「最後のゆとり世代」という21～22歳の女子大生たち（２０１７年当時）だ。結婚や出産に興味はあるが、恋愛結婚した親たちが離婚したり、不仲だったりする様子を見て育った彼女らは「結婚にドキドキはいらない。利害関係の一致が大事」と口をそろえた。一緒にいて安心できる相手と「友愛結婚したい」という。女子大生から「友愛」という言葉を聞くとは思わず面食らった。結婚に限らず、全てにおいて過度な期待を抱かないようにしている印象を受けた。連載で出会った人々を取材して感じたのは、それぞれの生き方や家族観そのものだった。

コロナ禍で生活も教育の在り方も就活事情も様変わりした。多感な時期にこのような経験をした若い世代は、恋愛・結婚を含め、これまでと違う新しい価値観を構築する可能性がある。より多様性を求めるのか、むしろ保守化するのかは分からない。働き方の急速な変化を見れば分かるように、世界の変化は中高年の価値観も揺さぶる勢いだ。約束された将来などないことを誰もが実感している。

こんな時代だからこそ、「みんながそうしているから」「周りにいわれたから」ではなく、自分なりの幸せを模索する良い機会となるのではないだろうか。

どんな人生を送りたい？　どんな人と共に過ごしたい？

幸せの方向は人それぞれ。これだと思ったら貪欲に追い求めればいい。そして、それを互いに応援し合える社会であってほしいと思う。

あとがき②

尾原佐和子

連載企画「婚難の中で」の取材・執筆に参加した後、2018年8月に奈良支局に赴任した。一緒に仕事をするのは親子ほど年の離れた20代、30代の若い記者ばかり。結婚や出産などのライフイベントを前にして、若い世代にはどんな悩みがあるのだろうか。記者の仕事はおもしろくも不規則でときには過酷。そんな職業を選んだ彼女ら彼らはワークライフバランスについて、どう考えているのか。この機会にじっくり話を聞いてみたいと思っていた。

しかし、現実はそんな悠長なことをいっている暇はなかった。話をゆっくり聞く間もなく、赴任直後に4人の支局員のうち1人が育休を取得。小学生の子どもを育てる女性記者もおり、いきなり子育てとの両立問題に直面した。

さらに入社2年目の女性記者が25歳で結婚。若い世代の早婚化について聞いてみると、「同級生や他社の記者もこれぐらいの年で結構結婚してますよ。男性も多いです」との答えが。「卵子の老化も気になるし、結婚する相手は決まっているので」と迷いはないようだった。「結婚できない」と悩むどころか、どちらかというと、結婚、出産ラッシュ。他社の支局でも育休取得は当たり前のようだ。

若い女性記者たちを見ていると、「ある程度キャリアを積んで職場で力をつけてから」などと思い悩んだ末、出産を遅らせ、チャンスを逃した世代とはあきらかに異なる。男性記者たちも積極的に育休を取り、当然のこととして、できるだけ育児に関わろうとしている。結婚や子育てはもはやキャリアの壁ではなく、パートナーと共に歩むための、当たり前の地に足がついた選択なのだと日々感じる。

ただ、これが世代間の違いだけで説明できるかというとそれは多分違うだろう。経済的に自立し、早くにパートナーを見つけることができた一部の人だけに可能な選択ともいえるからだ。就職氷河期に社会に出て機会を奪われたまま低賃金で働き、相手を見つけられない〝生まれた時代〟による不公平さは否めない。

恵まれた人とそうでない人との二極化が進んでいるだけなのか。それとも一人では多少不安定な生活でも二人で支え合って暮らすのが当たり前になる社会変革の兆しなのか。それを知るには、もう少し待たなければならないだろう。

「婚難の時代」の締めくくりとしては、身もふたもないかもしれないが、結婚すること、家族がいること、パートナーがいることだけが人生のすべてではない。それらが人の幸せを約束するわけでもない。

だが、最後に、筋野記者が津波で妻を失った男性にかけられた言葉をもう一度かみしめてみたい。

「好きな人ができたら一緒になってほしい。別れるときがくるけど、夫婦や家族ってかけがえのないものだと思うんだ」

*

本書は共同通信社から配信した連載企画「婚難の中で」を基に加筆、追加取材して構成しました。結婚や家庭の事情などプライベートに立ち入った、ときには不躾な質問にも真摯に応じていただき、貴重な時間を割いて取材にご協力下さったみなさまに心から感謝いたします。

　また、企画の編集全般の指揮を執った生活報道部の高橋暁次長、本書には盛り込めなかった第7部「主夫になったら」を担当した三田村俊哉記者、第8部「コレクティブハウス　同じ屋根の下で」を担当した若林美幸記者、書籍化への助言、後押しをしてくれた元生活報道部長の古口健二論説委員にあらためて感謝します。

　末筆ながら出版に向けてご尽力いただいた光文社出版局新書編集部の樋口健さんに心より御礼申し上げます。

筋野茜（すじのあかね）

共同通信社仙台支社編集部記者。1981年埼玉県生まれ。2004年朝日新聞社に入社し、'09年から共同通信社。社会部、盛岡支局を経て、'13年東京本社生活報道部。'20年から東日本大震災取材のため現職。

尾原佐和子（おばらさわこ）

共同通信社ニュースセンター副センター長。1962年生まれ。福岡県出身。1986年共同通信社入社。ロンドン駐在、経済部、社会部、生活報道部などを経て2018年奈良支局長。'21年2月から現職。

井上詞子（いのうえのりこ）

共同通信社大阪支社社会部記者。1982年米国生まれ。出版社から2008年共同通信社に入社。甲府支局、千葉支局を経て、'14年から生活報道部で厚生労働省や国会などを取材。'21年2月から現職。

ルポ 婚難《こんなん》の時代《じだい》 悩《なや》む親《おや》、母《はは》になりたい娘《むすめ》、夢《ゆめ》見《み》るシニア

2021年3月30日初版1刷発行

著　者 —— 筋野茜　尾原佐和子　井上詞子

発行者 —— 田邉浩司

装　幀 —— アラン・チャン

印刷所 —— 堀内印刷

製本所 —— 国宝社

発行所 —— 株式会社 光文社
東京都文京区音羽1-16-6(〒112-8011)
https://www.kobunsha.com/

電　話 —— 編集部03(5395)8289　書籍販売部03(5395)8116
業務部03(5395)8125

メール —— sinsyo@kobunsha.com

ISBN 978-4-334-04528-9

光文社新書

1121

ルポ 婚難の時代

悩む親、母になりたい娘、夢見るシニア

筋野茜
尾原佐和子
井上詞子

住職がサポートする「寺コン」、親が相手を探す「代理婚活」、コロナ禍での「オンライン婚活」など、十人十色の婚活模様と日本人の結婚観を共同通信の女性記者三人が徹底取材！

978-4-334-04528-9

1122

未来は決まっており、自分の意志など存在しない。

心理学的決定論

妹尾武治

「我々の自由意志とは錯覚であり、幻想である」——心理学、生理学、脳科学、量子論、人工知能、仏教、哲学、アート、文学、サブカルを横断し、気鋭の研究者が世界の秘密に挑む。

978-4-334-04529-6

1123

ドレミファソラシは虹の七色？

知られざる「共感覚」の世界

伊藤浩介

「真っ赤な嘘」は、なぜ赤色？「いろいろ」は、なぜ「色々」？音や文字に色を感じる〝共感覚〟はなぜ生じるのか。気鋭の脳科学研究者による、ヒトの認知の不思議に迫るスリリングな一冊。

978-4-334-04530-2

1124

巨人軍解体新書

ゴジキ(@godziki_55)

ファンもアンチも日本一多い球団、読売ジャイアンツの「勝利の哲学」とは。巨人軍の21世紀のスター選手たちを振り返りながら、パ・リーグへの対抗策を考える。

978-4-334-04531-9

1125

20世紀論争史

現代思想の源泉

高橋昌一郎

現代の思想を理解するためには、20世紀の偉大な知性が議論を重ねた諸問題を踏まえなくてはならない。「教授」と「助手」が時にユーモラスに対話しながら道案内を務める知の論争史。

978-4-334-04532-6